ABA
入门

家庭干预
实战指南

［日］上村裕章 ［日］吉野智富美 / 著　任文心　秋爸爸 / 译

家族の体験記から学ぶ

発達障がい　ABA ファーストブック

华夏出版社
HUAXIA PUBLISHING HOUSE

图书在版编目（CIP）数据

家庭干预实战指南 /（日）上村裕章,（日）吉野智富美著；任文心, 秋爸爸译. -- 北京：华夏出版社有限公司，2023.8

（ABA 入门）

ISBN 978-7-5222-0510-6

Ⅰ. ①家… Ⅱ. ①上… ②吉… ③任… ④秋… Ⅲ. ①孤独症－儿童教育－特殊教育－家庭教育－指南 Ⅳ. ①G766-62

中国国家版本馆 CIP 数据核字(2023)第 074400 号

KAZOKU NO TAIKENKI KARA MANABU HATTATSU SHOGAI ABA FIRST BOOK
Copyright © 2010 Hiroaki Uemura, Chifumi Yoshino, Behavioral & Educational Consulting
Chinese translation rights in simplified characters arranged with GAKUENSHA through Japan UNI Agency, Inc., Tokyo

©华夏出版社有限公司　未经许可，不得以任何方式使用本书全部及任何部分内容，违者必究。

北京市版权局著作权合同登记号：图字 01-2021-4338 号

家庭干预实战指南

作　　者	［日］上村裕章　［日］吉野智富美
编　　者	行为教育咨询机构（BEC）
译　　者	任文心　秋爸爸
策划编辑	刘　娟
责任编辑	张冬爽
出版发行	华夏出版社有限公司
经　　销	新华书店
印　　装	三河市少明印务有限公司
版　　次	2023 年 8 月北京第 1 版 2023 年 8 月北京第 1 次印刷
开　　本	787×1092　1/16 开
印　　张	10
字　　数	172 千字
定　　价	49.00 元

华夏出版社有限公司　地址：北京市东直门外香河园北里 4 号　邮编：100028
网址：www.hxph.com.cn　电话：(010) 64663331（转）

若发现本版图书有印装质量问题，请与我社营销中心联系调换。

中文版推荐序

日本与中国一衣带水，两国关系源远流长，文化交流密不可分。日本从古代起就以中国为师，接受华夏文明各方面的滋养，包括文字的建立。但到了近代，随着西方文明的进入，两国走上各自不同的发展道路。明治维新之后的日本全面、彻底地向西方优秀者学习，快速崛起成亚洲乃至世界的先进国家，而同一时期的中国却徘徊在守旧与变法的抉择中，长时间地处于发展中国家行列，直到改革开放才取得巨大的发展成就。

中日文化交流方向也从近代开始起了变化，大量的现代化的概念和知识从日本传入并逐渐融入华夏文化中，最典型的例子就是现代汉语中引入了大量的日语汉字词汇，其中就包括了我们常用的"自闭症"这个词，其数量之多，范围之广，程度之深，已经与现代汉语融在了一起，这有力地促进了思想启蒙和"西学"的传播，对中国近代化和现代化进程起到了巨大的推动作用。

我个人从少年时期开始就有像《铁臂阿童木》这样的日本动画片陪伴，大学的专业学习中也直接接受过日本教授的指导。我家秋妈一直在日企工作，怀秋歌、秋语时，她看的孕产妇指导书也是一本日本译作，其图文并茂的排版风格，科学严谨又贴近现实生活的内容，解决了我家从孕前到孩子生长至一岁这期间的各方面的问题。

进入孤独症圈子之后，同样地，我很早就看到了家长传来的日本特殊教育资料，印象最深刻的是王宁翻译的柚木馥、白崎研司所著的《发育障碍儿童诊断与训练指导》，这是一本全面而细致的针对障碍儿童的教育指导书，在十几年前资料匮乏的年代，对家长的指导意义重大。孤独症圈里有很多在日的华裔家长，在多年的网上交流过程中，他们向我介绍了很多优秀的与行为干预相关的日版图书，我翻看之后，感觉都很棒，于是挑选了几本优秀的实战指导用书，约请几位在日的华裔家长翻译成中文，希望这些清晰生动的实战讲解能帮助到国内的家长。

目前这个系列一共选译了 4 本应用行为分析（Applied Behavior Analysis, ABA）入门图书，它们分别侧重于 4 个干预方向，覆盖不同的孤独症干预应用阶段，参考其中的内容，国内家长都能迅速学习上手，付诸实践。

《早期密集训练实战图解》是一本指导家长进行 ABA 实操训练入门的生动的图解书，用于帮助家长启动居家干预训练。

《影子老师实战指南》是一本指导家长或者影子老师在幼儿园或小学集体环境中，运用 ABA 技术帮助孩子融合成长的实战方案用书。

《家庭干预实战指南》是一本指导家长在居家环境中，从 ABA 的视角看待孤独症行为特征，全面开展居家干预的指南用书，该书着重讲解了家长在日常生活中帮助孩子进步的方法。

《成人安置机构 ABA 实战指南》是一本讲解针对大龄孤独症孩子的 ABA 干预策略，以及在成人安置机构中如何运用行为干预技术来应对挑战的实战指南用书。

我之所以非常喜欢这四本书，是因为它们有以下几个共同的特点：

1. 纯净不杂。它们都是纯净的 ABA 技术实操指南，不掺杂其他"看上去很美"的非行为干预的方法，透着非常严谨认真的治学态度。

2. 实战经验。几位作者所讲解的干预技术，都结合了他们一线实战的切身体验，而不只是泛泛地照本宣科。他们在书中列举了贴近真实生活的应用方案，并对各种现实难点做了细致讲解。

3. 从零开始。这几本书都是面向零基础读者的指导用书，即使读者对 ABA 并不熟悉，拿起任何一本阅读完之后也都可以入门行为干预这门科学，并快速将其理论运用到自己的实践之中。

4. 日系风格。排版风格生动直观，易读易懂，每本书都有大量漫画配图，尤其是《早期密集训练实战图解》，更是通过大量的日系漫画形象准确地讲解了 ABA 基础知识和桌面教学细节，这在国内非常少见。此书之所以能做到这点，是因为漫画在日本的普及，该书的作者作为 ABA 专业人士，自己就能先行画出草稿，再与专业画师就每一幅漫画做细致的讨论，几易其稿，从而确保漫画内容的精准传神。

日本人的行事风格有很多地方值得我们学习，他们往往做事严谨认真，一板一眼，有时甚至会被视作孤独症的"刻板"特征一般。在与日本学者的接触中，我深深体会到了他们的这些优良做派，非常钦佩他们的专注与认真精神。如很多现代科技一样，ABA 诞生于西方，而在向先进者学习的过程中，日本人的态度非常虚心，他们深耕细作，精益求精，很少会抱着投机取巧的心思。在这里，我不由地提醒自己，也希望其他的国内家长在干预过程中学习这些优点，抛弃我们在周围人身上经常能够看到的那种好高骛远、浅尝即止、这山望着那山高的心态和做派，有时甚至是盲目自我拔高、随意搞本土特色式杂糅的做法，虽然貌似博采众长，但实际上很可能会形成"一锅乱炖"的局面。在学习行为干预的过程中，这种无法塌下心来把精力集中在最具科学实证的 ABA 知识的学习上，想走捷径的心思很常见。

在孤独症圈里，大家经常互相勉励，在干预路上保持细心、耐心、恒心。小龄孩子家长和大龄孩子家长的心态有所不同，但终究会逐渐进步。每个家庭都会从最初的急切希望被治愈的心态中走出来，慢慢地面对现实，进而走上努力地提高生活质量的道路。在这条路上，行为干预是最能为我们提供支持的一项科学技术。我希望这套书能够帮助国内家长及早地武装自己，面向未来，抓好当下。

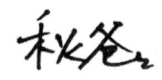

秋爸

前　言

我出生时就患有胆道闭锁。胆道闭锁是肝门部至十二指肠段的肝外胆道部分或全部闭塞，以致胆流受阻的疾病。这是一种发病率为0.1‰的先天性疾病，目前尚无法治愈。从出生到现在，我一直生活在这个慢性疾病的困扰下，需要不停地住院做手术。我已经做过30多次手术了。每年我过生日时，都会收到来自胆道闭锁儿童关爱协会的生日贺卡。每次拿到贺卡时，我都会在心底里感激一句："感恩！我今年还活着。"

人类的疾病和障碍种类繁多。不管谁患上什么疾病或障碍，都会受其不利的影响，都会与普通人有所不同。我就有着切身的体会，我从小背负着天生的障碍，成为一名社会中的弱者。我经历过很多艰辛，但也正因为我有先天障碍，才找到了自己应该前进的方向，走进了这个叫作应用行为分析（ABA）的行为科学领域。

发育障碍儿童的数量近年来有增加趋势（美国疾病控制与预防中心报告的孤独症谱系障碍的发病率为每110人里就有1人[①]）。可能也正是在此背景下，这些年来日本的很多专家写了很多与发育障碍相关的书籍，同时很多国外的专业书籍也被翻译出版。我本人的专业就是ABA，我知道，在这个专业领域中，从20世纪60年代起，ABA就开始成为帮助发育障碍人士康复的方法，目前已经开展了大量的研究与实践，在循证实践中，其效果已经获得了很多的科学证据。然而，尽管ABA已经有了几十年的实际应用，可是目前在日本也只是处于刚开始普及的阶段。ABA的实践者仍然很少，能得到支持的家庭也很有限，这个现状令人叹息。我本人作为ABA的实践者，多年来一直工作在发育障碍儿童的干预实战一线，我对ABA的认识，从最初的良好的感觉印象，逐渐地转变为如今的理性的信服。我确信，基于ABA的早期干预能改变孩子的未来。

---

① 译注：2023年3月美国疾病控制与预防中心公布孤独症发病率为1/36，3～17岁儿童的发育障碍的发病率为1/6。

不管我们面对的是不是发育障碍儿童，我都希望能有更多的家庭通过本书了解ABA的作用，能够从认知能力的开发、运动能力的提高、人际关系的调整、课业水平的进步、生活自理技能的发展等多个方面体会到ABA带来的实际用途，这些技能都是孩子在成长及现代社会生活中所需要学习的。在家庭干预中运用ABA干预技术，孩子可以在快乐中学习，家长饱含心血的育儿努力也将更具效果。

2010年9月

上村裕章

阅读指导

本书由三个部分构成，第一部分《ABA（应用行为分析）是什么？》，第二部分《ABA干预实例》，第三部分《ABA支持工具》。刚开始学习ABA的读者，可以从第一部分开始读，也可以先看第二部分的家庭干预实战经验，对ABA有个大概的印象。第三部分提供的是在第一部分和第二部分基础上在实践中可以使用的一些支持工具。读者也可以根据家庭的实际情况，自己制作出适合的工具。

本书不是可以加深对ABA理解的专业书，而是适用于刚了解ABA，却还满头雾水的障碍儿童的家长及其支持者的入门书。当他们思考"要提高孩子及整个家庭的生活质量（Quality of Life，QOL），我应该从哪儿下手"时，这本书正可以帮助他们实战入门，能够起到"扶上马并送一程"的作用。本书提供了多个家庭在ABA实战干预中获得的宝贵经验。你如果想继续学习更具有理论性的学术内容，那么可以参照电子版参考文献[1]。本书作为ABA的入门书，希望能对处于迷茫中的家长和支持者切实起到一定的指导作用，希望它能够成为照亮障碍儿童及其家庭未来的一束光。

---

[1] 编注：更多参考资料请登录公众号"华夏特教"知识平台查看。

☞ 重点

ABA有数不清的专业词汇，概念理解起来也不太容易，但是，如果参与支持的人员理解了一些难以理解的术语，将这些术语作为他们的通用语使用，这样就会让干预过程中的沟通变得更为顺畅。本书第一部分中所划出的ABA关键术语，是最基本的，也是最需要了解的词汇，它们会在每一篇中作为"重点"再列出来。这些词都是ABA干预中会频繁使用的关键词汇，也会在第二部分的实战案例及第三部分的ABA支持工具中经常出现，因此，希望读者将这些词作为学习重点。

✎ 家庭作业

要想帮助孩子改变行为，我们不能光靠想，想着"要改变孩子""要让孩子自己改变"，更重要的是，我们必须付诸行动。为了让读者在阅读本书的同时，也能够实际开展ABA干预，本书在讲解技术之后，也设计了一些简单的家庭作业，希望读者能够亲自试一试。

📁 参看支持工具

本书在第一部分中设置了"参看支持工具"的提示项，用来帮助读者将其与第三部分的ABA支持工具联系起来学习和运用。读者在阅读本书的同时，可以使用这些支持工具，切实地开展对孩子的行为观察，制订可行的干预目标，这样可以更有效率地开展行为干预工作。

目录

第一部分

ABA（应用行为分析）是什么 ……001

基础篇 理解孩子为什么这么做 ……002

一、对于"人为什么会做出这样的行为？"的几种回答方式 ……002

二、ABA（应用行为分析）是什么？ ……003

三、行为是什么？ ……004

四、"与环境的相互作用"是指什么？ ……007

五、为什么要进行 ABC 分析？① ……009

　　专栏 1 "孤独症谱系障碍（ASD）"是怎样的一种障碍？ ……013

六、强化物具体是什么？ ……014

七、为什么要进行 ABC 分析？② ……017

八、行为的"外观"和"内容" ……018

　　专栏 2 经常听到"循证"这个词，它是什么意思？ ……020

应用篇 改变行为 ……021

一、摘掉标签，理解孩子当前的行为 ……021

二、行为改变和塑造的过程 ……022

三、按照步骤开始 ……023

　　专栏 3 "问题行为""不当行为""挑战行为"等多种叫法 ……048

四、发育障碍儿童的行为干预实践 ……049

第二部分
ABA 干预实例 055

实例1　汤米，4岁，男孩（孤独症谱系障碍倾向）......056

实例2　佑太，8岁，男孩（孤独症谱系障碍）......069

实例3　小庆，8岁，男孩（孤独症谱系障碍）......079

实例4　小淳，6岁，男孩（孤独症谱系障碍，伴轻度智力障碍）......092

实例5　小松，7岁，男孩（孤独症谱系障碍）......101

实例6　汤姆和汉娜，6岁和5岁（普通儿童，兄妹）......111

第三部分
ABA 支持工具 119

一、ABC 分析表 120

二、刺激偏好评估表（SPA）："喜欢什么"测试 121

三、摘除"标签"的支持工具表 122

四、问题行为清单 123

五、"将问题行为转换为目标行为"工具表 124

六、任务分解表 125

七、行为数据记录表 126

八、行为干预计划（BIP）表 128

九、登山棋样式的代币表 129

十、代币表 130

十一、代币表和后备强化物交换券 131

十二、行为训练师使用的视觉时间表 ··· 132

十三、训练任务举例 ··· 133

ABA 知识自测 ··· 134

后记 1 ··· 143

后记 2 ··· 144

第一部分

ABA（应用行为分析）是什么

基础篇　理解孩子为什么这么做

一、对于"人为什么会做出这样的行为？"的几种回答方式

- 小良上体育课长跑时，每次都会哭。
- 小健在饭店里吃饭时，总是会离座到处走。
- 小淳每次坐车时，都会挣扎抗拒。

　　——"为什么小良会哭？"
　　——"为什么小健会在饭店里走来走去？"
　　——"为什么小淳讨厌坐车？"

"人为什么会做出这样的行为？"这个问题有几种解答方式。

常见的解释

性格和想法
"因为他没有耐心。"
"他就是这种性格。"
"他就是这么想的。"

障碍
"因为他多动。"
"因为他严重刻板。"

教养和教育
"家长没好好教导。"
"老师太严了。"

- 这几种类型的解释会带来进一步的疑问。
  "为什么会形成这样的性格？"
  "为什么有障碍就会有这样的行为？"
  "为什么这样的教育会导致这样的行为？"
- 这类解释并没有讲清楚行为的原因。
- 这类解释对行为原因的理解似是而非。
- 这类解释对改变行为没有丝毫帮助。

本书（ABA）的解释

功能解释
因为以前在相同的情况下曾经出现过这样的行为，得到了某个后果。

- 功能解释是应用行为分析（Applied Behavior Analysis，ABA）强调的理解行为的科学方法。
- 这样的解释能够帮助我们看清行为发生的原因。
- 这样的解释能够帮助我们教导孩子学习新技能，或者学会用适当行为代替问题行为。

二、ABA（应用行为分析）是什么？

ABA 是心理学领域中的以行为分析学为基础的一门科学。

"心理学就是探索并理解人类内心世界的一门学科"，很多人会带有这种先入为主的误解。但是，ABA 不是用来探索人类内心世界的，它是通过"可以观察的行为与环境之间的相互作用"来探索和理解人类的心理规律的。

- 即便我们能够去"推测"人心，说到底那也只是推测。
- 推测无法明确的"人心"，却以为自己"理解了"对方，这样肯定不行。
- 自以为理解了对方，其实却毫无用处。

- 正因为"行为"是可以观察的，所以它所反映的信息才是确实而有效用的。
- 通过确实的信息来理解对方，才能谈得上是真正的理解。
- 根据"行为"来理解人，才算真正地"懂得和关心"孩子。

1. 行为分析学

行为分析学是美国心理学家 B.F. 斯金纳（B. F. Skinner）开创的一门"理解行为"的科学。动物（包括人）是如何学习的，为什么行为会增加或减少等，行为学家对此开展了大量研究。

2. ABA（应用行为分析）

ABA 是以行为原理为基础，应用于现实生活中，让我们的生活更美好的一门科学。ABA 作为针对发育障碍儿童的干预方法，近年来成效卓著，广为人知，但它的应用领域远不止于此。

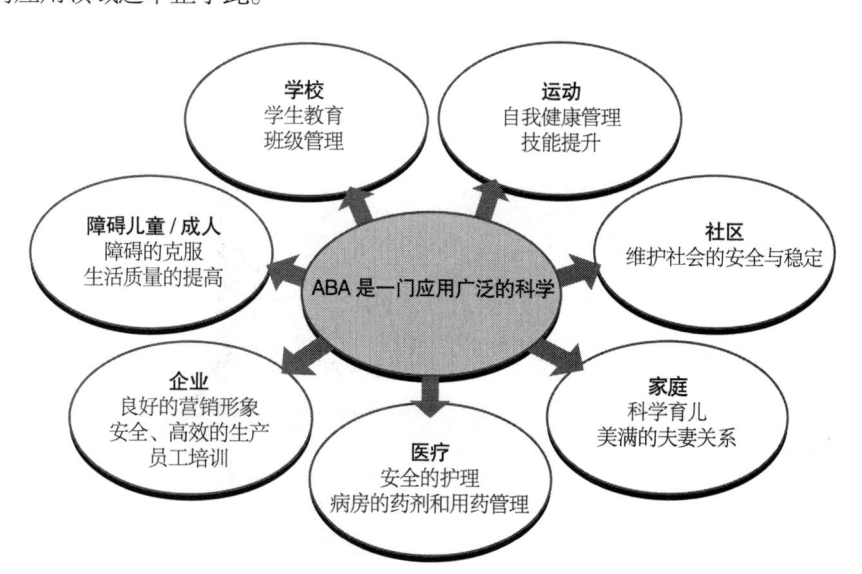

ABA 是一门应用广泛的科学

- 学校：学生教育、班级管理
- 运动：自我健康管理、技能提升
- 社区：维护社会的安全与稳定
- 家庭：科学育儿、美满的夫妻关系
- 医疗：安全的护理、病房的药剂和用药管理
- 企业：良好的营销形象、安全、高效的生产、员工培训
- 障碍儿童/成人：障碍的克服、生活质量的提高

三、行为是什么?

行为是指人的"举止或行动",可以分为 2 类。
①谁都能看见的行为(可观察的行为)。
②在脑中思考的语言行为(很难观察的行为)。

①谁都能看见的行为	②在脑中思考的语言行为
走,跑,吃 喝水,洗澡 穿/脱衣服 上厕所,与别人说话 听从指令,拉手 服从老师的指令,学习 看书,计算,唱歌 玩游戏,坐车	暗恨,"这个算数考试真烦人。" 希望,"我想和那个小朋友一起玩。" 考虑,"明天干什么呢?" 心想,"不想去上学。"

这是"行为"吗?——判断标准

1. "死人测试"——"死人"能做的就不是行为

日常生活中,我们经常使用禁止式的语言,比如,"不要一边吃饭一边看电视""不要在走廊上猛跑",等等,但这些都不是好的说话方式,尤其对于发育障碍儿童来说,他们对语言的理解和对深层含意的解读能力都很落后,因此,接收这类话语会显得更为困难。

"不学习""不发表意见""不听话""不去学校""不吃饭"
"不和小朋友玩" ➡ **不是行为**

那么,应该怎么描述呢?

用"做○△△○"来替换"不做○○"

不学习。	→	玩游戏。
不发表意见。	→	哇哇地大声哭。
不去学校。	→	在屋里看书。
不吃饭。	→	玩玩具。
不听话。	→	跑出去。
不和小朋友玩。	→	一个人玩玩具。

✖ 不要在走廊上猛跑。
⬇
◎ 在走廊上走路。

2. 必须明确地描述行为

小纱对家里人说:"我今天努力学习汉字了。"实际上,小纱的爸爸认为她"没怎么学",妈妈认为她"多少学了点儿",而小纱自己认为"我已经很努力啦"。可见,每个人的评价不一样。

这样就会很麻烦。其实每个人评价不一样的原因就在于"努力"这个表述不明确。

不明确的描述	
"努力啊""清醒点""好好做""乖乖坐着""安静""不能捣乱""赶紧""乖乖地"	这里说的不是行为,只是给行为加的标签。

那么,应该怎么描述呢?

可以让任何人都能有同样理解的具体的描述

例如:
- 每天在练习本上写一页汉字。
- 朗读3分钟。
- 坐在椅子上,脚底贴着地板,背挺直,脸朝前。
- 老师说"开始"之后10秒钟之内就开始答题。

❌ 努力啊! → ◎ 做5道题。

每个人的标准都不同

没有"应该这样做"的标准答案

我们将行为具体化时,需要量身定制出"努力"的标准。

> 同样是"努力"的表现,小纱是"20分钟的汉字读写练习",而小健可能是"读10分钟书"。
>
> "乖乖坐着"也一样,有的孩子的目标是"安坐1分钟",而有的孩子的目标是"连续安坐45分钟"。

```
      能够灵活使用的        1年后的目标
        资源的种类

   生活内容         现在的情况        半年后的目标

       现在能够做的事        1星期后的目标
```

干预中很重要的一点是:按照每个人的生活内容、行为特性及成长过程,为其量身定制适合的目标。

☞ 重点

- 不说"不要○○",而应该说"做△△吧",这点很重要。
- 不使用"要努力啊""好好做"这样不明确的标签式语言,而应该将行为具体化,让每个人听到之后都能有同样的理解。

✎ 家庭作业

- 试一试,将自己平时对孩子说的"不要○○",改成"去做△△吧"。
- 你每天做了几次这样的说话方式的改变呢?

四、"与环境的相互作用"是指什么？

很重要的一点在于，我们不能只是单单说"孩子哭了"或者"老师生气了"，否则，我们只是在关注行为（B：Behavior）本身，而没有考虑到行为"与环境的相互作用"。那么，这里所说的环境究竟是指什么呢？

> 环境："行为即将**发生前的状态**（A：Antecedents）"，以及"行为**发生后紧接的后果**（C：Consequences）"。

> 与环境的相互作用，就是要求我们根据行为前后的条件来考虑行为环境，这点非常重要。
>
> | A | B | C |
> |---|---|---|
> | 行为即将发生前的状态 | 行为 | 行为发生后紧接的后果 |
>
> **ABC 流程图**
>
> 某个行为在怎样的条件下发生，发生之后产生了怎样的后果，将这些内容放进上面的这个 ABC 流程图中，进而帮助我们理解行为，这叫作"ABC 分析"。

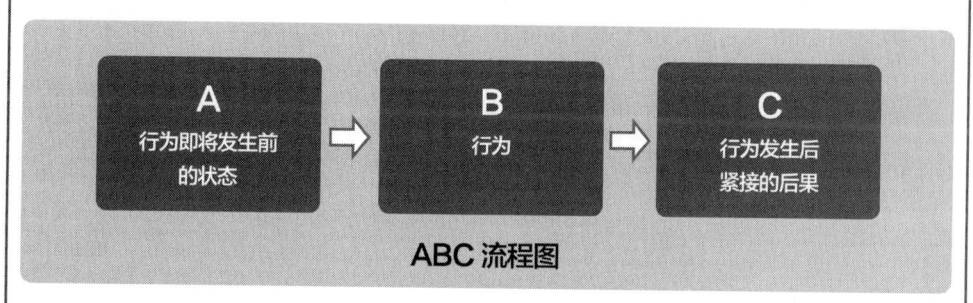

现在，让我们用 ABC 分析来理解行为。

> **例1**：在超市卖零食的地方，小爱哭了，于是妈妈慌忙地给她买了零食。小爱马上就破涕为笑了。
>
> **例2**：在语文考试当中，小宏离座大声喧哗，班主任老师训斥他："安静！坐回去！"小宏闭上嘴巴，坐回了座位。

例1：小爱的例子

A		B		C
在超市卖零食的地方	→	小爱哭闹	→	妈妈给买零食

例2：小宏的例子

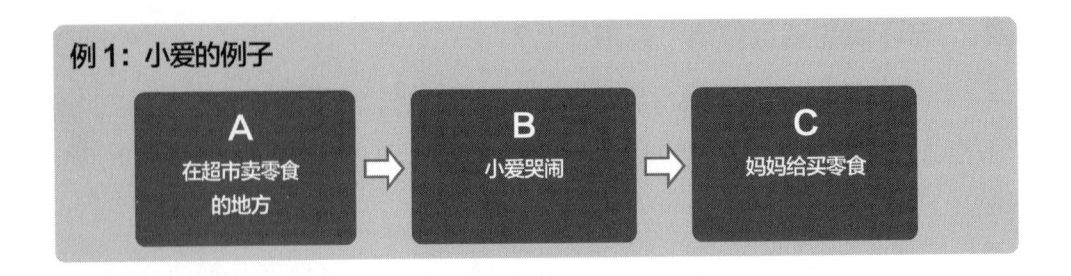

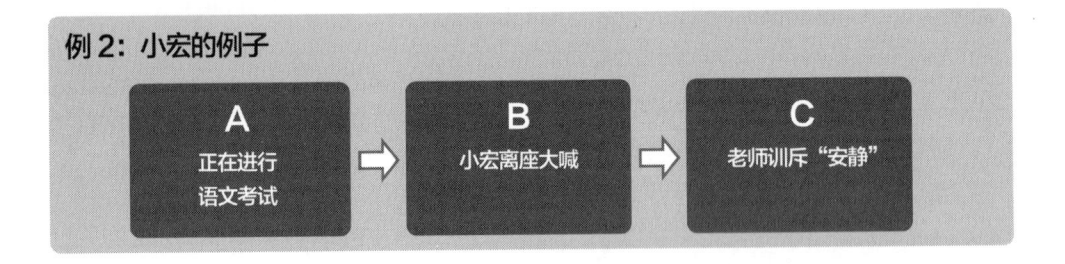

A		B		C
正在进行语文考试	→	小宏离座大喊	→	老师训斥"安静"

对这两个例子进行 ABC 分析，我们可以很清楚地看到小爱和小宏的行为是在怎样的条件下发生的，行为发生之后产生了怎样的后果。

重点

- ABC 流程图，ABC 分析。
- A：行为即将发生前的状态；B：行为；C：行为发生后紧接的后果。

家庭作业

- 请你从自己或孩子今天发生的事情中，挑出 2 个来进行 ABC 分析。

参看支持工具

ABC 分析表——120 页。

五、为什么要进行 ABC 分析？①

我们通过 ABC 分析就能够理解为什么某个行为会出现，以及为什么某个行为不再出现。

| 能够理解一个人的行为为什么会增加或减少。 | ➡ | 教孩子新的行为，用适当行为代替问题行为；帮助成年人对自身的行为进行管理；等等。当我们需要改变某个行为时，ABC 分析可以为我们提供重要信息。 |

分析行为发生之后紧接的后果（C）

1. 强化与惩罚

下图显示了行为与环境的相互作用而带来的行为增加或减少的原理。

某个行为（B）的后果（C）如果是"好事"，以后该行为就会更容易发生（强化）；如果是"坏事"，以后该行为就会逐渐减少（惩罚）。

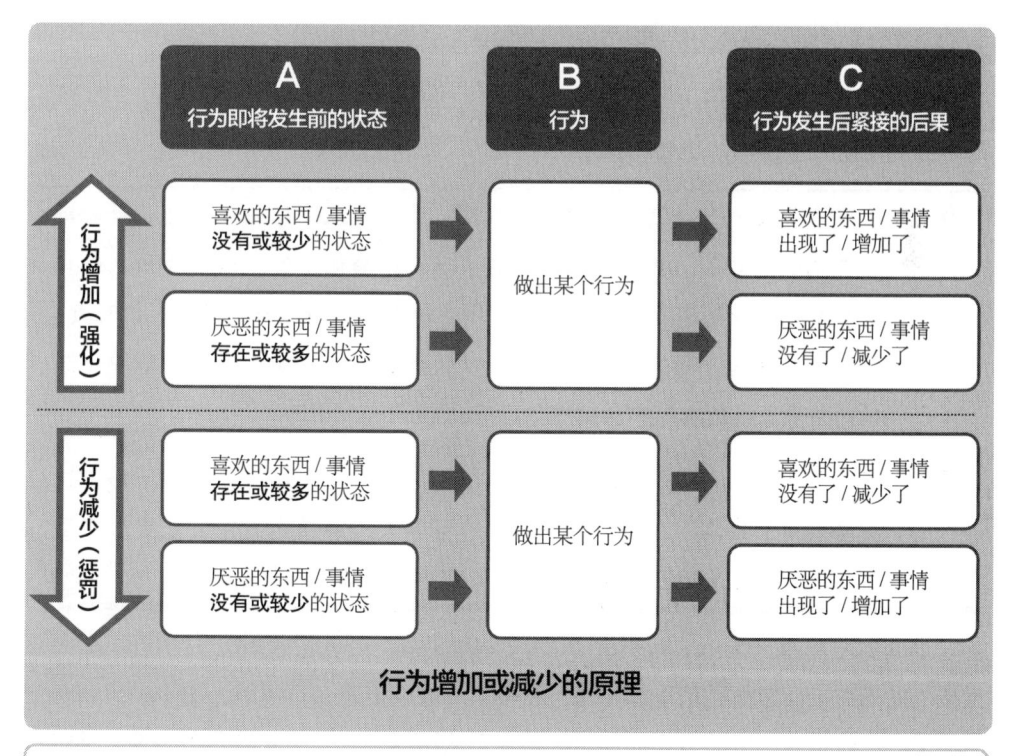

	A 行为即将发生前的状态	B 行为	C 行为发生后紧接的后果
行为增加（强化）⬆	喜欢的东西/事情**没有或较少**的状态 ➡	做出某个行为 ➡	喜欢的东西/事情出现了/增加了
	厌恶的东西/事情**存在或较多**的状态 ➡		厌恶的东西/事情没有了/减少了
行为减少（惩罚）⬇	喜欢的东西/事情**存在或较多**的状态 ➡	做出某个行为 ➡	喜欢的东西/事情没有了/减少了
	厌恶的东西/事情**没有或较少**的状态 ➡		厌恶的东西/事情出现了/增加了

行为增加或减少的原理

强化：使该行为增加。
惩罚：使该行为减少。

2. 强化物与厌恶刺激

某个行为之后紧接着发生的"好事"有 2 种。

① 行为人喜欢的东西（强化物）出现。

② 行为人厌恶的东西（厌恶刺激）消失。

→ 该行为将因此而增加。

同样，某个行为之后紧接着发生的"坏事"也有 2 种。

① 行为人喜欢的东西（强化物）消失。

② 行为人厌恶的东西（厌恶刺激）出现。

→ 该行为将因此而减少。

> **强化物**：强化物紧接在某个行为之后出现，使得该行为以后会更容易发生。或者，强化物在某个行为发生后立刻消失，使得该行为以后更不容易发生。
>
> **厌恶刺激**：厌恶刺激紧接在某个行为之后出现，使得该行为以后更不容易发生。或者，厌恶刺激在某个行为发生后立刻消失，使得该行为以后更容易发生。

3. 消退

还有一个能够让行为减少的原理，那就是"消退"。

让我们来看下面的 2 个例子。

> **例 1**：小融看见架子上的玩具，但他够不到，于是马上开始哇哇地哭。以前妈妈看见小融哭了，就会马上把玩具拿下来递给他，但从这周开始，妈妈就算看见小融哭也不再拿给他了。周一和周二，小融哭到很吓人的程度，但从周三开始，他只是哭了一下就很快停止了。一周之后，小融即使够不到架子上的玩具也不再哭了。
>
> **例 2**：爸爸在杂志上看到一个商品，就打电话去店里问有没有货，打了好几次，但那天商店休息了，一直没有人接。第二天、第三天，爸爸一直给店里打电话，但还是一直没有人接。第四天，爸爸就不再打电话了。

以前，对小融来说哭可以得到拿到玩具的后果，对爸爸来说打电话可以得到有人接电话的后果，但是后来不管小融怎么哭，不管爸爸怎么打电话，都不再出现那个后果了，也就是说，以前得到的强化物现在无法再得到了，因此该后果出现之前的那个行为减少了。

消退：以前曾经被强化过的行为发生之后，不再获得强化物，从而使该行为减少。行为发生的前后（A和C）状态完全没有变化，因此行为会减少。

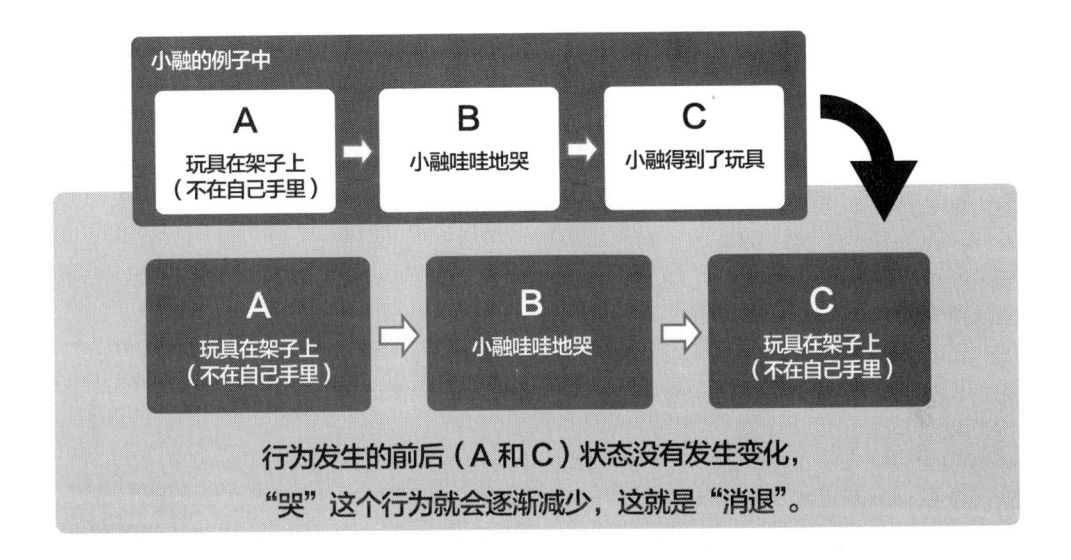

小融的例子中

A	B	C
玩具在架子上（不在自己手里）	小融哇哇地哭	小融得到了玩具

A	B	C
玩具在架子上（不在自己手里）	小融哇哇地哭	玩具在架子上（不在自己手里）

行为发生的前后（A和C）状态没有发生变化，"哭"这个行为就会逐渐减少，这就是"消退"。

4. 消退爆发

这里有一个很重要的问题。在刚开始执行消退时，行为有时会暂时变得比以往更激烈，这叫作"消退爆发"。

对于孩子的哭闹，使用消退的方法很多时候都很有效，但必须注意应对"消退爆发"。

发生了消退爆发！

这是消退开始见效的信号，不要着急，耐心等待。

消退爆发：在刚开始执行消退时，行为有时会暂时变得比以往更激烈。

👉 重点

- 强化、惩罚、消退、消退爆发。
- 强化物、厌恶刺激。

✍ 家庭作业

- 填写下面的流程图。
- 关于"强化"与"惩罚",向家人举例说明。
- 关于"消退"与"消退爆发",向家人举例说明。
- 关于"强化物"与"厌恶刺激",向家人举例说明。

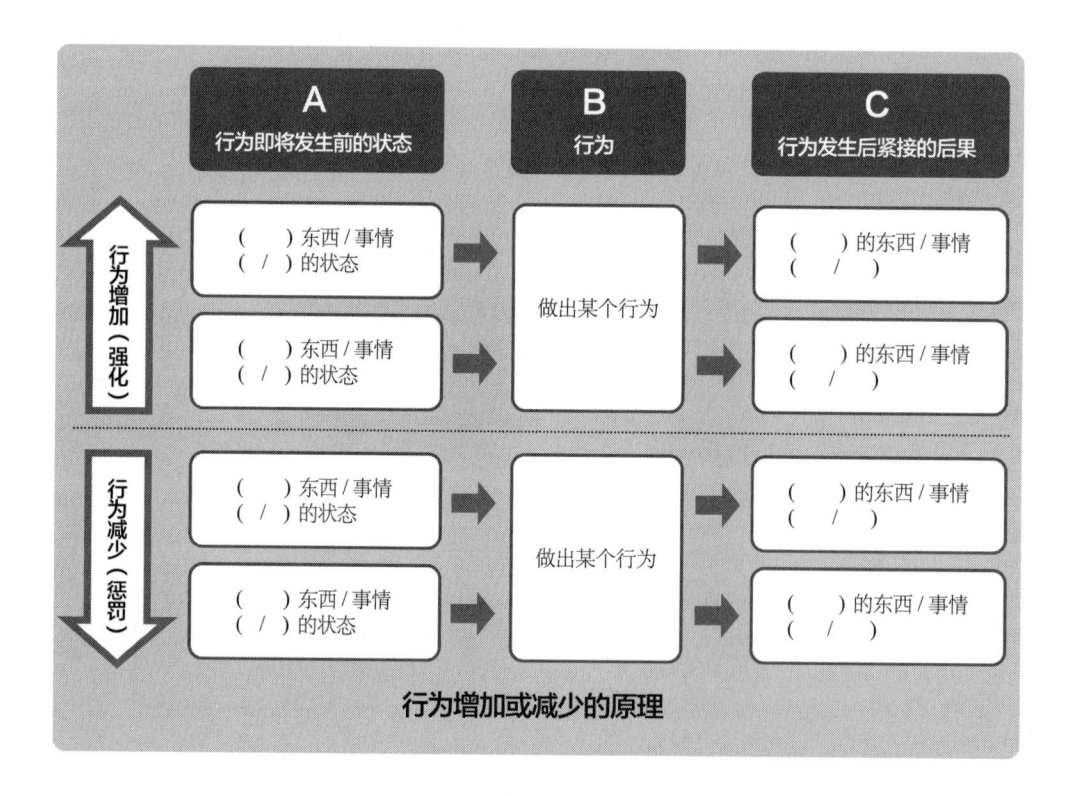

	A 行为即将发生前的状态	B 行为	C 行为发生后紧接的后果
⬆ 行为增加（强化）	(　) 东西/事情 (　/　) 的状态	做出某个行为	(　) 的东西/事情 (　/　)
	(　) 东西/事情 (　/　) 的状态		(　) 的东西/事情 (　/　)
⬇ 行为减少（惩罚）	(　) 东西/事情 (　/　) 的状态	做出某个行为	(　) 的东西/事情 (　/　)
	(　) 东西/事情 (　/　) 的状态		(　) 的东西/事情 (　/　)

行为增加或减少的原理

专栏 1

"孤独症谱系障碍（ASD）"是怎样的一种障碍？

- 孤独症谱系障碍（Autism Spectrum Disorder, ASD）是一种神经发育障碍，其症状表现为语言沟通及社会交往能力的落后。目前其发病原因尚未明确，但被认为是"先天性的脑功能障碍"。
- 很多发育障碍都是在婴儿期至幼儿期出现，表现为孩子的发育落后或发育不均衡，以及各种技能的缺乏。
- 发育障碍并非无法改善，我们可以通过适当的干预来促进孩子的发育，改善落后的症状。此外，发育障碍在根本上是"由生理因素导致的障碍"，并不包括由教养观念等环境因素和教育方法而导致的心理方面的问题。

ASD 的三大行为特征

ASD 的 3 个最基本行为特征一般出现在孩子 3 岁之前。

① 社交障碍

不会和人对视，不会使用表情及身体动作等非语言行为，很少将自己感兴趣的东西指给别人看，等等。

② 语言沟通障碍

口语的落后，很难持续对话。

③ 活动与兴趣的局限与重复

痴迷于特定的物品或场所，重复同样的操作，重复同样的行为。

随着诊断标准的发展及诊断精度的提高，以往没有被诊断的轻度孤独症人士也确诊了，目前大约每 150 人中就有 1 人，男女比例大约为 4∶1，男性较多。另外，其中很大一部分人会伴随重度或轻度的智力障碍。

诊断名称

世界卫生组织（WHO）制定的《国际疾病分类（ICD-10）》（*International Classification of Diseases, ICD*），根据儿童的行为特征，将诊断名称分别定为儿童孤独症、阿斯伯格综合征、非典型孤独症。美国精神医学学会发行的《精神障碍诊断与统计手册（*DSM-IV-TR*）》（*The Diagnostic and Statistical Manual of Mental Disorders, DSM*）使用的诊断名称为孤独症、阿斯伯格综合征、待分类的广泛性发育障碍（PDD-NOS）。另外，虽然诊断标准里没有列出，但有时候没有智力障碍的孤独症（智商 70 以上）会被称作高功能孤独症。每种障碍都没有明确的区别，界限并不清晰，所以有时候被归为孤独症谱系这样的障碍症候群，因障碍涉及的范围比较广，也被称为广泛性发育障碍（Pervasive Developmental Disorder, PDD）。近年常被称为孤独症谱系障碍（ASD）[1]。

---

[1] 译注：在最新的 *DSM-5-TR*（2022）和 *ICD-11*（2018）中，使用的诊断名称是"孤独症谱系障碍"。

六、强化物具体是什么？

紧接在行为之后出现的、能使该行为增加的刺激，叫作"强化物"。
强化物分为非习得性强化物和习得性强化物。

非习得性强化物"先天的""感觉刺激"
- 食物、饮料
- 睡觉、休息
- 毛茸茸的毯子、晃悠悠的秋千、跷跷板、蹦床、万花筒、音乐，以及玩举高高、挠痒痒等

习得性强化物"后天的"
- 社会性强化物（表扬、击掌、微笑、关注）
- 泛化性强化物（积分卡、钱、游戏币）
- 活动强化物（游戏、读书、外出、涂色）
- 特权强化物（当领导、排在最前面、可以操作电脑）
- 物品强化物（玩具、电脑、动漫卡片）
- 内隐强化物（诸如"成功了！""太好玩了！"这样的内在感觉）

"喜欢什么"测试（SPA）

上面所列举的那些，是所有人都有可能喜欢的强化物的普遍例子，但实际上，每个人的强化物和厌恶刺激有很大不同。

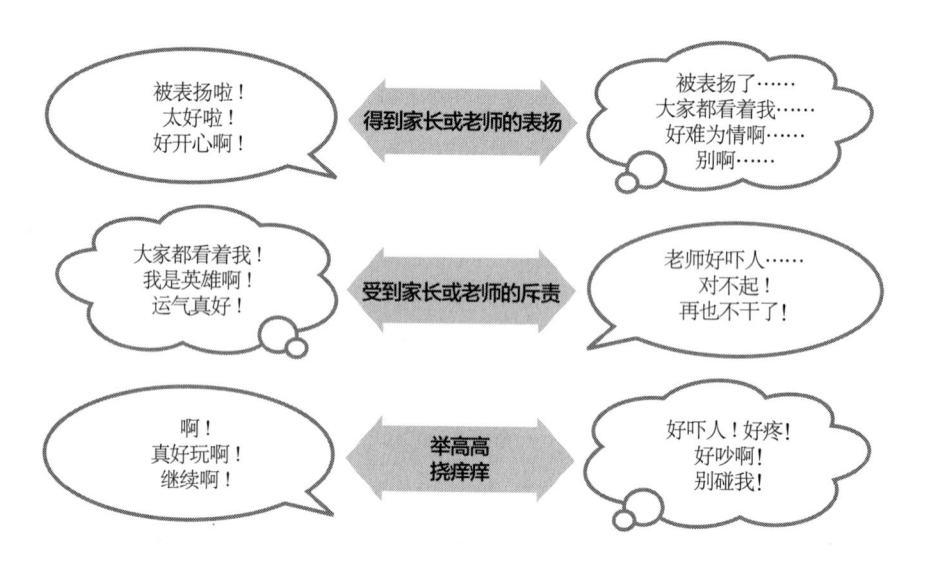

	得到家长或老师的表扬	
被表扬啦！太好啦！好开心啊！		被表扬了……大家都看着我……好难为情啊……别啊……

	受到家长或老师的斥责	
大家都看着我！我是英雄啊！运气真好！		老师好吓人……对不起！再也不干了！

	举高高 挠痒痒	
啊！真好玩啊！继续啊！		好吓人！好疼！好吵啊！别碰我！

> **刺激偏好评估（Stimulus Preference Assessment，SPA）**：找到并了解某人的强化物或厌恶刺激，同时观察其效果。

SPA 的步骤 1：对孩子进行观察，了解孩子
- 经常玩什么玩具？
- 喜欢看什么电视？
- 喜欢吃什么食物？
- 和谁在一起的时候最高兴？
- 最喜欢去哪里？
- ※ 如果孩子有一定的语言能力，也可以直接问他本人喜欢什么。
- ※ 向孩子出示一些他有可能喜欢的东西，看孩子选择哪个。

夏天爱吃冰

SPA 步骤 2：列出强化物清单
- 如果找到了 2 个以上的强化物，那么可以按照强化效果将其从弱到强排序。
- 孩子的喜好是会变化的，因此需要时不时地对清单做调整。
- 喜欢吃什么食物？
- 和谁在一起的时候最高兴？
- 最喜欢去哪里？
- ※ 强化物会随着孩子的发育和身体的变化及其与强化物的接触频率，以及季节、气温等因素而改变。

冬天就对冰……

"找不到强化物"的对策

——"孩子每天会得到多少零食或饮料？"

有些孩子的确对外界的兴趣比较淡，也没有特别的爱好，但通常食物或饮料会是他们的强化物。可是，如果在日常生活中这些孩子能够频繁地得到零食或饮料，那么这种强化物的效力就会减弱。因此，我们需要想办法暂时减少日常零食或饮料的供应量，或者停止供给。

——"玩具是不是玩腻了？"

有些家庭的客厅、卧室、孩子的房间，甚至在走廊里，到处都散放着玩具、绘本或布娃娃之类的东西，连下脚的地方都没有。孩子在这种随时都能接触到强化物的环境里，很快就会腻，强化物也就失去魅力了。因此，我们要注意，尽量把玩具都收入箱子或柜子里。

——"再观察一次吧。"

不要想当然地认为每个孩子都一定会喜欢某个玩具，这需要我们再好好地多观察。其实，一些我们想象不到的东西（比如钥匙串、手机、电视遥控器、放大镜、报纸等）都可能会成为强化物。

从非习得性强化物向习得性强化物的过渡

有的孩子在得到口头表扬或面对微笑时没有反应，只对零食、饮料、毛毯或电脑感兴趣。但是，在他们完成了刷牙任务，或者在教室里完成某项学习任务之后，我们不可能在这时向他们提供零食奖励，因此很有必要通过口头表扬和微笑来鼓励这些适当行为，也就是说，我们需要**从予以非习得性强化物向习得性强化物过渡**。

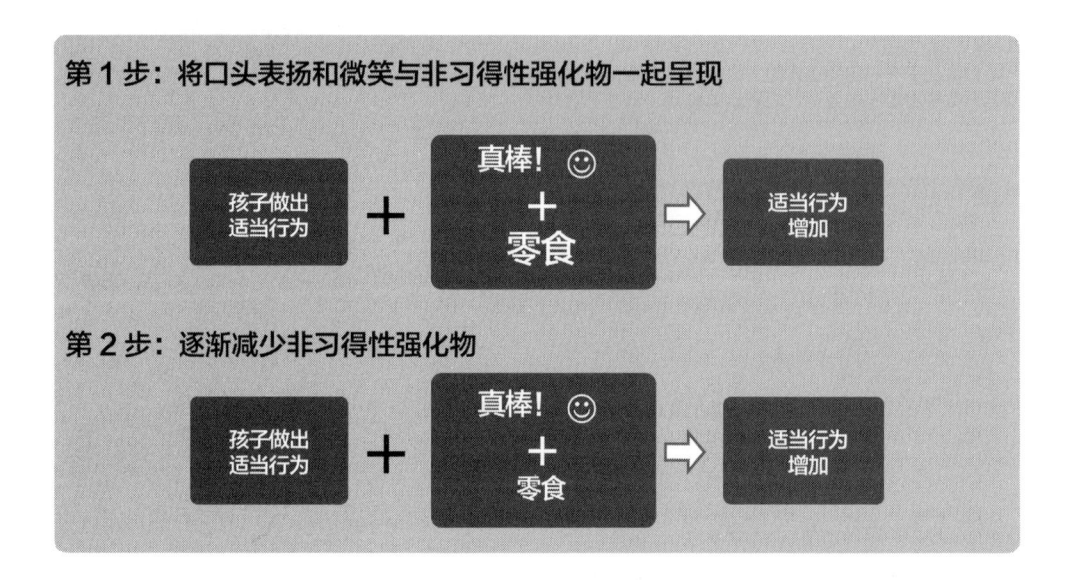

第 1 步：将口头表扬和微笑与非习得性强化物一起呈现

孩子做出适当行为 ＋ 真棒！☺ ＋ 零食 ⇒ 适当行为增加

第 2 步：逐渐减少非习得性强化物

孩子做出适当行为 ＋ 真棒！☺ ＋ 零食 ⇒ 适当行为增加

☞ 重点

- 从非习得性强化物过渡到习得性强化物。
- 强化物和厌恶刺激因人而异，并且会随孩子的发育、状态及季节变化而不断变化。

✎ 家庭作业

- 尝试着将孩子的强化物列出一个清单。

📂 参看支持工具

SPA 表："喜欢什么"测试——121 页

七、为什么要进行 ABC 分析？②

前提 A（行为即将发生前的状态）

前面我们讨论关注的都是 C（后果），其实，了解行为在怎样的状况下（A）才会发生，这也非常重要。对于适当行为，我们可以在今后更多地设置有利于该行为发生的条件；对于问题行为，我们可以改变该行为发生之前的条件，以减少该行为的发生。

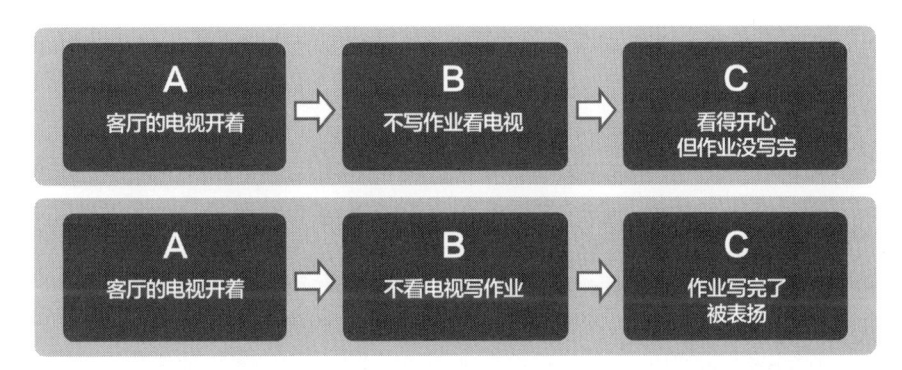

A	B	C
客厅的电视开着	不写作业看电视	看得开心但作业没写完
客厅的电视开着	不看电视写作业	作业写完了被表扬

在孩子写作业的时候开着电视，孩子就不写作业，关上电视孩子就写作业。对于这种情况，我们很清楚"电视开着"这个条件会引发孩子"不写作业而看电视"的行为，那么我们也就可以发现，对此的干预方法就是设置一个电视关着的学习环境。

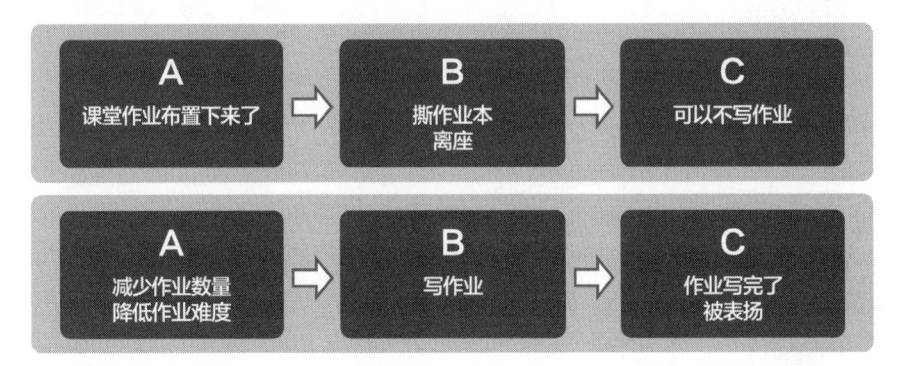

A	B	C
课堂作业布置下来了	撕作业本离座	可以不写作业
减少作业数量降低作业难度	写作业	作业写完了被表扬

☞ **重点**
- 同样的行为会有更容易发生和不容易发生的不同的前提条件。
- 可以通过改变前提环境来改变行为。

八、行为的"外观"和"内容"

了解行为的功能（意义/目的）

我们刚开始接触 ABA 时，最重要的一点就是应该学会"用功能来思考行为"。我们先来分析下面的例子当中的行为功能（意义/目的）。

> 例1：小莉不喜欢洗澡。今天妈妈说了"洗澡"之后就带着小莉进入浴室。**小莉开始跺脚，并哭闹着说："我不洗！"**小莉哭得实在太厉害了，妈妈只好放弃，说："不洗就算了。"然后，妈妈把小莉带回了客厅。
>
> 例2：小翔喜欢有轨电车，一到了轨道口处就不肯走了。今天也一样，小翔已经在那个道口处站了 10 分钟，妈妈说："回家吧！"**小翔跺脚并哭闹着说："我不回！"**妈妈怕打扰周围的人，只好说："那么就再待一会儿吧。"然后小翔就不哭了，又站在那里看了 20 分钟的电车。

两个孩子都有哭闹着说"不"的行为，这两个行为看上去很像，其实并不一样。我们用 ABC 分析来看一下哪里不一样。

例1：小莉的情况

A	→	B	→	C
去浴室		哭闹着说"不"		可以不去浴室

小莉的情况是，"去洗澡"是厌恶刺激，她的哭闹能让厌恶刺激消失。也就是说，哭闹行为是因去除了厌恶刺激而被强化的，这叫作"因厌恶刺激的去除而带来的强化"。

例2：小翔的情况

A	→	B	→	C
要离开轨道口		哭闹着说"不"		可以再看一会儿电车

小翔的情况是，"在轨道口看电车"是强化物，他的哭闹增加了获得强化物的机会。也就是说，哭闹行为是因增加了获得强化物的机会而被强化的，这叫作"因强化物的出现而带来的强化"。

看上去同样的行为，我们用 ABC 分析来思考的话，就会发现行为的功能（意义/目的）可能是完全不同的。

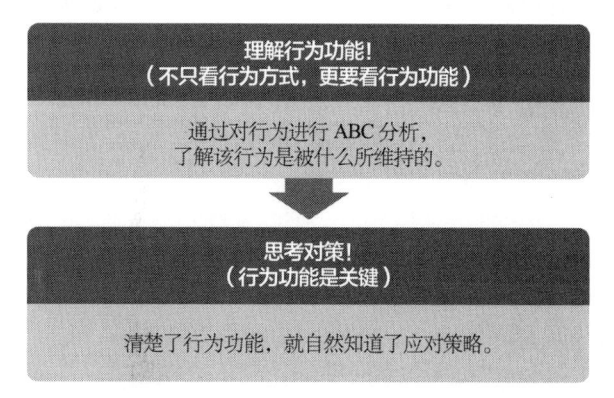

> **理解行为功能！**
> （不只看行为方式，更要看行为功能）
>
> 通过对行为进行 ABC 分析，
> 了解该行为是被什么所维持的。
>
> ↓
>
> **思考对策！**
> （行为功能是关键）
>
> 清楚了行为功能，就自然知道了应对策略。

在小莉的情况中，"去洗澡"是一个厌恶刺激，如果小莉能有其他方法，不哭不闹就能逃回客厅，同样地去除这个厌恶刺激，那么其他方法也就是与哭闹逃跑具有"相同功能的行为"。但是，我们不可能总是允许孩子逃避洗澡，因此，我们可以采用让她先把脚放进水桶里、用湿毛巾擦脸或背、在院子里玩水等办法，逐渐地帮助她弱化厌恶刺激对她的影响，这种策略非常重要。此外，在浴室里放一些孩子感兴趣的玩具、外包装带卡通人物的洗发水等方法也会有效果。

在小翔的情况中，如果小翔可以运用语言或使用图片来表示"我再看 10 分钟吧"或"我再看一会儿"，从而代替哭闹行为，并同样可以获得强化物（看电车的机会），那么小翔和妈妈都会轻松得多。这时，"哭闹"与表达出"我再看一会儿"，这两种行为都可以获得同样的强化物，是"具有相同功能的行为"，而这种练习的策略叫作"功能性沟通训练"。

☞ 重点

- 对于行为，我们不光要看其方式，更要看其功能。我们要理解行为的功能。
- 具有相同功能的行为 / 功能性沟通训练。

✎ 家庭作业

- 试着在自己或孩子身上，找出方式不同而功能相同的行为，并说明其功能。
- 试着在自己或孩子身上，找出方式相同而功能不同的行为，并分别说明其功能。

专栏 2

经常听到"循证"这个词，它是什么意思？

循证（evidence-based）就是"根据证据"的意思

20世纪90年代之后，循证医学（Evidence-based medicine, EBM）在医学界开始普及，指的是"根据建立在正确方法论之上的观察及实验而发展起来的，以目前最可信赖的信息为基础的，为当前患者选择最优的治疗方法并实施的医学"。

EBM普及之前，治疗方法是医生根据自己的经验和信念及疾病的流行程度、上级的压力等因素而考虑选择的。即使是针对同样的疾病，不同的医生会选择不同的治疗方法，因此治愈率和死亡率也会不同。EBM出现之后，医生根据可以信赖的信息选择治疗方法，患者不管在哪个医院都可以得到同样的治疗。

EBM的实践理念现在也开始在心理学及教育学领域渗透，比如循证心理治疗等。

调查证据的方法

要调查某个干预方法是否具有科学的循证依据有几种方法。例如，收集已出版的有关论文，用量化数据来明示某个干预方法迄今为止具有怎样的效果。此外，我们还可以用双盲对照等方法来调查干预方法的科学效果，将几十至几百名实验对象随机地分为两组，两组被试分别接受A方法和B方法的干预，然后评估干预效果，在这个实验中评估者并不知道对哪个组被试用的是哪个方法。

发育障碍儿童/人士的循证干预方法

迄今为止，针对发育障碍儿童/人士可以选择的循证干预方法在全世界有很多种。随着近年来循证实践理念的推广，有越来越多的研究表明，ABA是最具有科学依据的干预方法之一。

你也能够开展循证研究！

ABA的循证实践中有一种被称为"**单一被试的研究设计**"的方式，它侧重于个案研究，其中最基本的方法就是**ABAB对照形式的设计**。

针对儿童（也可以是成年人）的某个行为，我们可以使用图表方式，将开始运用某个干预方法之前（A）的行为数据与干预期间（B）的数据进行对比，从而显示行为发生了怎样的变化。除了引入干预方法，干预前后，也就是A和B之间的其他生活因素都不做任何改变。否则，即使行为改变了，我们也无法确认那是干预的结果。

例如，在孩子整理完物品（将玩具放回原处）之后，我们马上跟孩子玩举高高，之后观察孩子整理物品的行为是否会增加。在干预开始之前（A），孩子玩玩具之后，就算他偶尔会整理，我们也故意不给予强化。而在干预期间（B），只要孩子整理了玩具，我们就跟他玩举高高。记录下每天孩子将玩具放回原处的数据。如果使用图表来展示，我们就能更一目了然地看到干预期间孩子的整理行为增加了的事实，从中我们也能看出，孩子的整理行为是由于干预措施（整理物品之后被举高高）而增加的。

使用这样记录和分析数据的方法，你也能开展ABA的循证研究！

应用篇　改变行为

一、摘掉标签，理解孩子当前的行为

- 我也搞不清这孩子到底想要什么。
- 这孩子总是要跟老师作对。
- 这孩子太任性，不听大人的话。
- 这孩子稍不如意就哭闹，就扔东西。
- 这孩子就是不喜欢自己换衣服。
- 这孩子不说话，所以无法沟通。
- 这孩子总是抢小朋友的玩具。
- 刻板行为严重，给他人带来困扰。

以上这些说法都是我们在咨询中最常听到家长谈论的关于自己孩子的问题。

在应用篇里，我们将就这些烦恼和问题展开讨论，思考怎样改变孩子的行为。

关注适当行为

我们需要摘掉给孩子贴上的种种"标签"。在日常生活中，我们应该去寻找那些对家人、学校或孩子本人来说"很不错"的部分。问题行为通常会很醒目，我们也就很容易只去关注孩子的问题行为。事实上，在睡觉以外的清醒时间孩子的那些问题行为不可能一直持续出现，而那些会让人觉得"很不错"的行为通常并不太吸引我们，因此，我们很有必要用心去抓孩子出现适当行为的时机，诸如当孩子能够跟在其他小朋友后面依次地行动或说"谢谢"的时候。这一点非常重要。

●要点

▶那些"很不错"的行为将会在我们帮助孩子改变问题行为时发挥出作用。
▶如果我们不摘掉贴在孩子身上的那些"标签"，那么就算孩子做出了适当行为，我们可能也会在"标签"的阻碍下，即使看到了孩子好不容易出现的变化，也不能给予必要的关注。

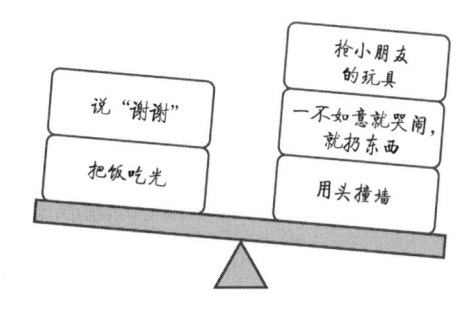

家庭作业

● 摘掉"标签"，观察孩子的各种行为。

参看支持工具

摘掉"标签"的支持工具表——122页

二、行为改变和塑造的过程

帮助孩子改变一个行为，需要多个步骤。我们如果毫无章法，只是一味地追求孩子行为的改变，那么只会浪费时间和精力，很可能完全看不到效果。要想切实而高效地改变行为，我们就应该按照下列步骤依次执行干预任务。

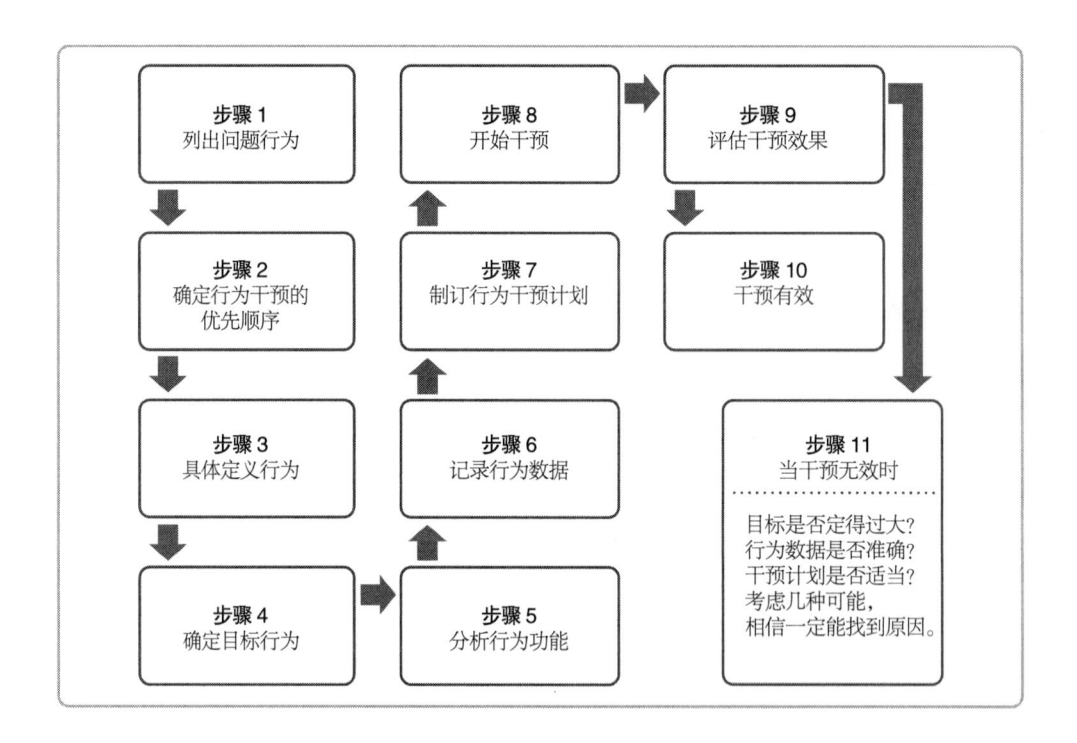

```
步骤1              步骤8              步骤9
列出问题行为    →   开始干预       →   评估干预效果
   ↓                  ↑                  ↓
步骤2              步骤7              步骤10
确定行为干预的      制订行为干预计划      干预有效
优先顺序              ↑
   ↓                  
步骤3              步骤6              步骤11
具体定义行为        记录行为数据        当干预无效时
   ↓                  ↑              目标是否定得过大？
                                     行为数据是否准确？
步骤4         →    步骤5             干预计划是否适当？
确定目标行为        分析行为功能        考虑几种可能，
                                     相信一定能找到原因。
```

●要点
▶如果开展 ABA 干预之后，我们未见到效果，那么可能是因为行为观察及行为数据记录的方法存在不妥之处，也可能是因为干预计划有不适合的地方。
▶在这种情况下，我们可以重新开展行为观察，重新修订干预计划，从头开始。

三、按照步骤开始

步骤 1　列出问题行为

首先，孩子存在哪些问题行为，我们应该列一个清单。

问题行为通常可以划分为 2 类。

过度行为

- 要求得不到满足时激烈哭闹。
- 玩具被小朋友拿走了就打对方。
- 空闲时用头撞墙。
- 上课时总是擅自离座或说话。
- 说脏话。
- 只玩按下按钮能出声的玩具。
- 自己不肯走路总是要求抱。
- 撕坏课堂上发下来的作业。

※ 成人常见的过度行为
饮酒，抽烟，吃零食，吃高热量食物，上班前打游戏等。

缺乏行为

- 很少用语言表达要求。
- 自己不能独立换衣服或刷牙。
- 无法排队等待。
- 不会玩假想游戏。
- 不收拾玩具。
- 无法在教室里长时间坐着。
- 不做作业。
- 不注意听老师讲话。

※ 成人常见的缺乏行为
不爱清扫房间，不能规律就寝，缺少运动等。

● 要点

▶ 列问题行为清单时，可以按类别来划分，这样更清晰。
　· 生活技能（衣食住）　· 沟通技能　· 社会技能　· 游戏技能
　·（学龄前）学业技能　· 运动技能……
▶ 每个问题行为会给谁带来怎样的困扰，行为改善之后又会让谁受益，这方面的内容也可以写出来。

家庭作业

- 将孩子的"过度行为"和"缺乏行为"列一个清单。
- 试着写出每一个行为会给谁带来怎样的困扰，行为改善之后又会让谁受益。

参看支持工具

问题行为清单——123 页

步骤 2　确定行为干预的优先顺序

列出问题行为清单之后，我们要确定该按照什么顺序来帮助孩子改变行为。我们如果一上来就同时对所有问题行为进行干预，那么无论从时间还是精力上，可能都会难以应付，因此我们要优先选择重要的行为开展干预。

行为干预的优先顺序

如果孩子有多个需要改变的行为，那么我们可以按照以下标准安排顺序展开干预。如果孩子没有排在第 1 位的那些具有危险性的问题行为，那么我们就把排在第 2 位的具有破坏性的问题行为排在最优先干预的位置上。

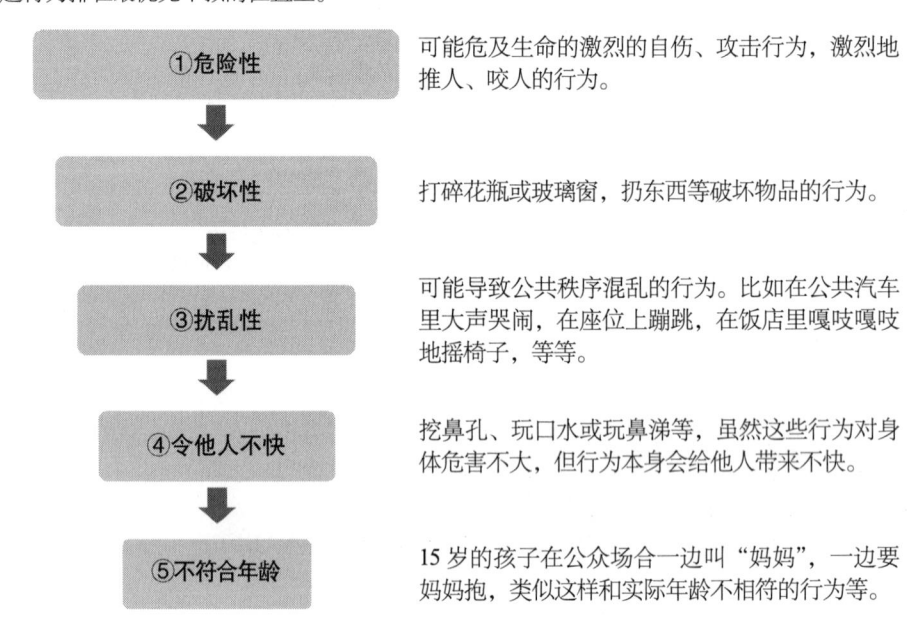

①危险性	可能危及生命的激烈的自伤、攻击行为，激烈地推人、咬人的行为。
②破坏性	打碎花瓶或玻璃窗，扔东西等破坏物品的行为。
③扰乱性	可能导致公共秩序混乱的行为。比如在公共汽车里大声哭闹，在座位上蹦跳，在饭店里嘎吱嘎吱地摇椅子，等等。
④令他人不快	挖鼻孔、玩口水或玩鼻涕等，虽然这些行为对身体危害不大，但行为本身会给他人带来不快。
⑤不符合年龄	15 岁的孩子在公众场合一边叫"妈妈"，一边要妈妈抱，类似这样和实际年龄不相符的行为等。

家庭作业

- 如果你的孩子有多个问题行为，请试着排出优先干预顺序，以确定最需要从哪个问题行为开始干预。

参看支持工具

问题行为清单——123 页

步骤3　具体定义行为

确定了需要干预的行为之后，我们应该写出具体的行为表现。在此我们可以回顾一下基础篇里讲解过的"死人测试"和"必须明确地描述行为"中所提到的要点。

需要描述5W2H

我们在写具体的行为表现时，应该注意描述清楚"谁、与谁在一起、什么时候、在哪里、怎么做的、多强、多长"等这些问题。

✗
"老是哭。"　　　　　　"不听话。"
"一不满意就生气。"　　"不会安全地走路。"
"经常弄伤小朋友。"　　"不能忍耐。"

◎
"一看不见妈妈就一边叫'妈妈'，一边大声哭。"
"休息时间用右脚踢朋友的脚。"
"上数学课时，拉前面座位的女生的头发。"
"远远地看见公交车时，就甩开妈妈的手跑过去。"
"在过人行横道时，不看红绿灯就走。"

为什么要具体地写出来？

①我们可以根据这些详细的情况来寻找干预方法。
②除了孩子妈妈，我们还可以据此向孩子爸爸、学校老师及其相关人员传达应对方法。
③我们可以更好地开展行为观察，更准确地判断干预是否有效。

家庭作业

- 按照下列关键词，针对需要干预的行为，写出具体内容。
  "谁""什么时候""在哪里""和谁在一起的时候""怎么做的""多强""多长"。

参看支持工具

ABC分析表——120页
"将问题行为转换为目标行为"工具表——124页

步骤 4　确定目标行为

描述了问题行为的具体情况之后，我们可以考虑如何干预行为，也就是需要确定出目标行为。

> ● 要点
> ▶ 目标行为是指通过干预而形成的适当行为。
> ▶ 目标行为不是"让孩子不哭"这样无法通过"死人测试"的行为目标，而是"从什么行为开始"这样的具体内容。

确定目标行为的标准

① 会给孩子和大人都带来正向结果

"孩子的沟通技能少，所以我们准备在任何情况下都让孩子先询问过大人再一起活动"，如果我们将此定为目标，那么干预时间就会被用光，而且也没有任何好处。"孩子总是坐不住，所以我们准备让他安安静静地看书 2 小时"，如果我们将此定为目标行为，那么对孩子来说，正向结果会很少，实际执行起来也会很困难。

② 对孩子和大人来说性价比都很高

如果为了帮助孩子改变某个行为，我们需要付出比以前多得多的努力，那么这个干预执行起来就会很困难。相反，如果我们对某个行为的干预只需要比现在再多一些努力就能够得到更好的效果，那么这样的干预就会更容易执行。

③ 会给其他行为带来好影响

帮助孩子改变一个行为，也会给其他行为带来好的影响，如果我们将此作为目标，那么干预效率就会比较高。例如，我们将孩子在家里使用图片来表达需求作为目标行为，那么这个行为孩子以后在学校或者在商店里也可以使用。孩子与家人之间能够互相提要求之后，我们就可以继续教他帮助家人做事，并帮助他掌握独立外出的技能。

> **任务分解**
>
> 　　我们在教孩子新行为时，如果一上来就想从头到尾全部教会孩子，那么双方都会很难。所以，我们需要考虑目标行为是由哪些环节要素组成的，并将其细分（小步骤化），这也就是**任务分解**。一步一个脚印地塑造行为非常重要。我们以"刷牙"为例来进行任务分解，"刷牙"至少可以分成以下几个步骤。
>
> > ①自己拿牙刷。
> > ②张开嘴巴。
> > ③把牙刷放进嘴里。
> > ④把牙刷顶在右下槽牙上（其他部分也同样）。
> > ⑤牙刷顶着牙，以5毫米的幅度来回刷。
> > ⑥把牙刷从嘴里拿出来。
> > ⑦吐出口中的口水。
> > ⑧往杯子里倒水。
> > ⑨用杯子里的水漱口，再吐出。
>
> 　　其他技能，例如吃饭、换衣服、大小便、洗手、洗澡、烹饪、购物、乘坐交通工具、上学、举手、发言、解题、读写、折纸、跳绳、玩单杠、轮流做事、按规则玩游戏、向对方表达意见等，都可以通过任务分解来细化教学。
>
> > **任务分解也不是越细越好。**
> > 我们需要考虑孩子目前已经掌握的技能，为其量身定制，调整分解的细致程度。

重点

- 运用任务分解和小步骤教学，扎扎实实地开展干预。

家庭作业

- 针对孩子的某个行为，思考一下，孩子改变了这个行为将会获得哪些好处，又将给周围环境带来怎样的好处。
- 针对日常生活中自己的某个行为，也试着做一下任务分解。
- 在具体的干预实践中，分解孩子的目标行为。

参看支持工具

"将问题行为转换为目标行为"工具表——124页

任务分解表——125页

步骤5 分析行为功能

我们通过步骤3和步骤4将行为具体化之后，需要对行为开展观察，同时进行ABC分析。该行为在怎样的条件下更容易发生，又在怎样的条件下不容易发生。

例：过度行为

A	B	C
玩嗨了口渴	在冰箱前哇哇地哭	得到了果汁

除了调查"什么时候、和谁在一起、在做什么"这些涉及前提A（行为即将发生前的状态）的信息，我们还要观察紧接在行为之后出现的后果C，记录并积累信息，从问题行为发生时的环境情况变化来了解行为功能（目的）。

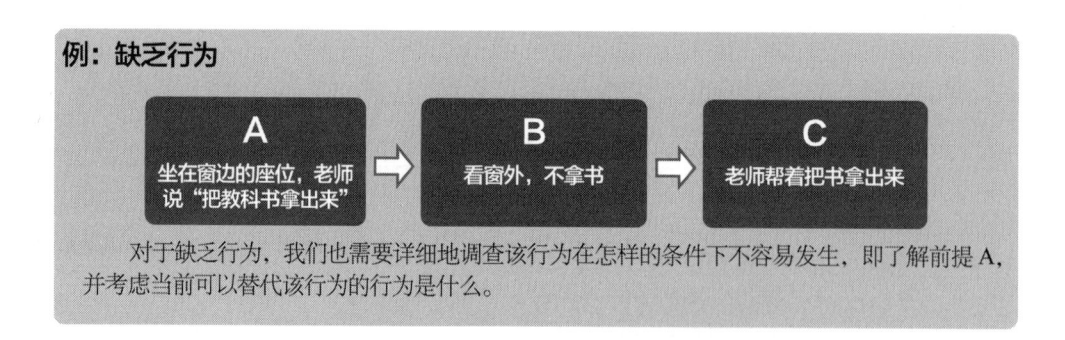

例：缺乏行为

A	B	C
坐在窗边的座位，老师说"把教科书拿出来"	看窗外，不拿书	老师帮着把书拿出来

对于缺乏行为，我们也需要详细地调查该行为在怎样的条件下不容易发生，即了解前提A，并考虑当前可以替代该行为的行为是什么。

> **背景因素**
>
> 这里需要注意的是，与行为即将发生前的状态相比，问题行为有可能与更早之前出现的某些基础状况相关。如睡眠不足、腹痛、感冒、过敏、房间闷热等基础状况，我们可以称为"背景因素"。
>
> 孩子睡眠充足的话，即使学习任务难一点，也许他也不会哭闹得那么凶，而睡眠不足时，他就很容易快速地出现抗拒举动，发生哭闹。孩子在饿的时候更有可能积极地帮助大人做晚饭。孩子在感冒头痛的时候，更有可能对噪声敏感，出现烦躁不安的表现，也更容易出现自伤行为。

行为的 4 个功能

行为功能（行为目的）可以分为以下 4 种。对行为进行 ABC 分析，思考该行为具有哪种类型的功能，这对我们开展问题行为的干预尤其有用。

因厌恶刺激消失而产生的强化	①逃避	逃避厌恶的东西
因强化物出现而带来的强化	②关注	获得关注
	③获得物品或活动	得到想要的东西或机会
	④感官刺激	获得自我感官刺激

①**逃避**：比如孩子在进行困难且厌恶的任务时哭闹，或者在得知要去医院时开始哭闹，等等，如果孩子通过哭闹成功逃避了任务，或者逃避了去医院，那么下一次他也许还会做出同样的哭闹行为。

②**关注**：比如孩子在没得到任何人关注时，发出大的声响，打小朋友，用头撞墙，等等，如果这时有人走过来说"不可以这样"之类的话，即便这是一种斥责，也会让孩子获得"关注"强化物。

③**获得物品或活动**：比如孩子在路过自动售货机或超市的零食货架时哭闹，如果这时大人说"吵死了，给你买一个算了，你乖点儿！"这样的话，然后买给孩子他想要的东西，那么下一次孩子仍然会做同样的事。

④**感官刺激**：比如孩子在闲着无聊时晃头、手脚乱动等，如果这些行为可以让他获得某种自我感官刺激，那么以后他在无聊时仍有可能做出同样的举动。

重点

- 背景因素。
- 行为的 4 个功能（逃避、关注、获得物品或活动、感官刺激）。

家庭作业

- 试着调查一下孩子的某个行为比较容易被引发的背景因素。
  如身体状况、睡眠时间、饮食情况、服药情况，天气、室温、噪声、杂乱的房间，等等。
- 对孩子的某些行为进行 ABC 分析，思考这些行为分别具有哪一种类型的功能。

参看支持工具

ABC 分析表——120 页

"将问题行为转换为目标行为"工具表——124 页

步骤6　记录行为数据

在干预开始之前，我们需要收集基线数据，了解问题行为发生的程度。

> ● **要点**
> ▶ 在干预开始之前，我们需要花几个小时乃至几天的时间进行观察，至少要记录3次数据。
> ▶ 要确定好开展行为观察的时间和时长（比如与小朋友玩30分钟、上2节课等）。
> ▶ 干预之后，我们也要定期用同样的方法进行观察。

为什么记录行为数据很有必要？

记录行为数据，很多人会从最开始的不习惯，慢慢地习惯起来，这也许要花上一段时间。虽然记录数据有些难度，但我们也要认识到记录数据的3个重要意义。

①**客观性**
它可以帮助我们客观地了解目前行为发生的程度。
×：我们家孩子老是哭。
√：我们家孩子每天连续哭1小时。

②**效果评估**
它可以帮助我们评估行为干预的效果。
×：我们家孩子最近好像不怎么哭了。
√：以前他连续哭1小时，1周前他只哭30分钟了，从3天前开始他每天哭10分钟就停了。

③**共享性**
它可以为所有相关人员提供可分享的行为信息。
×：只有妈妈在担心孩子总是哭。
√：爸爸和妈妈都可以观察到"我们家孩子每天连续哭1小时"了。

行为数据的记录方法

在记录行为数据时,我们要根据不同行为的特征,从下表中选择适合的记录方法,也可以将几种方法组合起来用。

方法	适用行为举例
次数	**可以计数的行为**:对视、发声/发言、打小朋友、离座、洗手、上厕所等。观察者可以用打√/× 或写"正"字的方法来计算和记录。 | 时间	离座		时间	对视 | |---|---| |---|---| | 9/6 第1节课 | 7次 | | 8/10 10:00~10:30 | 3次 | | 9/9 第1节课 | 6次 | | 8/12 10:00~10:30 | 4次 |
强度	**需要考虑强度的行为**:哭闹时的声音、打小朋友时的力度等。观察者可以按照1(弱)~10(强)的标准对行为强度评分。 | 时间 | 哭声大小评分 | |---|---| | 10/5 下午 | 1 2 3 4 5 6 7 8 ⑨ 10 | | 10/6 傍晚 | 1 2 3 4 5 6 7 ⑧ 9 10 |
持续时间	**需要关注持续时间长短的行为**:哭闹、自我刺激、安坐/离座等。观察者可以使用计时器来计算行为从出现到结束之间的时长。 | 时间 | 吃晚餐时的安坐时间 || |---|---|---| | 10/18 | 18:00~18:03 | 3分钟 | | 10/20 | 18:30~18:34 | 4分钟 |
潜伏时间	**需要关注从下达指令至开始执行任务的时间**:从老师说"把教科书拿出来"到孩子拿出教科书所需的时间等。 | 时间 | 从老师发出指令到孩子打开教科书的时间 | |---|---| | 7/16 语文课 | 14秒 | | 7/17 数学课 | 16秒 |

✎ 家庭作业

- 思考一下,对于孩子的某个行为,我们应该采用哪种方法记录更好?

📁 参看支持工具

行为数据记录表——126页

步骤 7　制订行为干预计划

我们要帮助孩子改变行为，就需要制订行为干预计划（Behavior Intervention Plan, BIP），它大有用处。我们要在计划中具体地写明针对过度行为和缺乏行为的相关干预策略，确定目标行为的塑造和强化方法，以及支持策略。

●要点

▶ 如果孩子正在上幼儿园或小学，或者在医院等机构接受诊疗，那么与孩子接触的所有工作人员都可以共享制订好的 BIP，这样他们在帮助孩子的过程中就有了统一的应对方法，干预更容易取得效果。

▶ 在家里，我们也需要制订一个简单的 BIP，我们可以把这个 BIP 清单贴在冰箱等显眼处，这样不光妈妈，爸爸或爷爷、奶奶受其提示也可以采用同样的干预方法来应对孩子的问题。

BIP 的 7 项内容

BIP 大致包含以下 7 项内容：
① 强化物清单
② 问题行为（过度行为或缺乏行为）
③ 目标行为
④ 具体的支持方法 [具体的环境调整和辅助（参考第 38 页上的相关内容）方法]
⑤ 强化方法
⑥ 行为记录方法
⑦ 备注（过敏或服药情况等）

家庭作业

- 参考下页的 BIP 例子，试着写一个。

参看支持工具

行为干预计划（BIP）表——128 页

BIP 示例

姓名：小明	制作人：妈妈 / 爸爸	制作日：2010/8/30

BIP 共享者：妈妈、爸爸、爷爷、奶奶、班主任、校长

喜欢的事或擅长的事：折纸、涂色、跳绳、做算术题、配对、帮妈妈做事（摆餐盘）

需要支持的场景：上语文课时、在需要遵守集体规则时、在计划突然发生改变时

	过度行为	过度行为	缺乏行为	缺乏行为
问题行为	A：零食吃光之后 B：哭喊着说还想要 C：得到零食	A：写字的时候 B：撕本子 　　扔铅笔 C：不用写字了	A：集体排队等候 B：只能坚持3秒钟 C：无	A：上语文课时 B：无法安坐 （最长可坐5分钟） C：无
目标行为	吃光了自己的定量零食之后，能够说"我吃好了"，并收拾餐具。	听到老师的"写字"指示之后，能够打开作业本，拿起笔，在作业本上写字。	在测量身高、体重等集体活动时，能够跟随前面的同学站着排队，依次上前测量。	开始上课之后，能够安坐7分钟。保持坐姿，做学习任务；想要休息时，出示"休息卡"。
环境调整辅助	预先在袋子里装好定量的零食，让孩子把零食从袋子里倒在盘子里。 零食被吃光之后，引导孩子进行他感兴趣的活动。	先从只写3个字的作业要求开始。在作业本上做上记号"写到这里"。 给出提示"每写3个字就奖励1枚贴纸"来督促孩子。	让孩子排在第2位，告诉孩子"下一个就是你"，让他心里有数。 逐步让孩子排在更后面的位置上。	准备一个维持安坐的垫子。让孩子做他擅长的任务。 任务太难的话，就让孩子做算术题、涂色、折纸等。 用有视觉提示功能的计时器计时，让孩子对时间心中有数。
强化方法	孩子说"吃好了"，就奖励1张动漫贴纸。	孩子写出3个字，就奖励1张代币贴纸。	轮到孩子时，引导前面的人与他击掌，表扬孩子"等得很好"。	孩子安坐了7分钟，就让他休息，或者允许他跳绳。
记录方法	记录孩子说出"吃好了"的日期及他自己收拾餐具的次数。 记录孩子哭闹的次数及持续时间。	记录孩子写出的字数。 记录孩子写字时没有哭闹的日期。	记录孩子等待的时间。 记录孩子排队的位置。	记录孩子安坐的时间。 保持坐姿的情况，可以用√/×来记录。
备注	周一和周四：有学校影子老师在场。 后备强化物：贴满5张代币贴纸就可以获得自由选择2个零食的权利。			

步骤 8-1 对缺乏行为开展干预
——增加适当行为

对缺乏行为的干预目标是，孩子在周围支持很少的情况下也能够出现目标行为，必要的时候能够自发地做出该行为。

● **要点**

▶ 要增加缺乏行为，有 2 种干预策略。
① 干预 ABC 流程中的后果 C（紧接着行为发生的后果）。
② 干预 ABC 流程中的前提 A（行为即将发生前的状态）。

针对后果 C（紧接着行为发生的后果）开展干预

及时强化

- 在基础篇里，我们讲解了"行为发生之后马上呈现强化物的话，行为就会增加，这就是因强化物出现而带来的强化"。"及时强化"指的就是，一旦孩子做出了目标行为，我们就马上提供强化物。
- 强化物必须合情合理。例如，孩子张大嘴巴刷牙之后我们马上提供给他巧克力来强化，或者孩子在教室里安坐 10 分钟之后我们就立刻给予糖果强化物，这两个例子中的强化物都不符合现实场景的情理。
- 及时强化的重点是，用简洁的语言告诉孩子"因为什么而被表扬"，并提供合情合理的强化物。比如，一边夸奖孩子"牙刷得好干净啊！太棒了！"一边挠孩子痒痒；小声地说"你做得真好。题目完成啦！厉害啊！"并奖励孩子贴纸或小红花。我们可以使用这些会让孩子高兴的事物作为强化物。

> 收拾得真干净！
> 太棒啦！

刚开始时，应该进行连续强化，随后逐渐地增加强化的时间间隔

- 连续强化，即每次出现好行为都进行强化。连续强化能使目标行为更容易发生，所以刚开始时每次出现目标行为我们都应该强化，让目标行为多起来。
- 间歇强化，即减少强化次数，增加时间间隔进行强化。接下来我们需要对目标行为进行维持。这时应注意不再使用连续强化了，而是采用不时地强化1次。这种间歇强化有多种做法。例如，每当第3次出现目标行为时再给予强化，或者每出现5次目标行为之后给予1次强化，如此逐渐增加强化的时间间隔。孩子无法预知什么时候会得到强化时，最能维持行为。

Ⓡ Ⓡ ○ Ⓡ ○ Ⓡ ○ Ⓡ ○ ○ Ⓡ

间歇强化（○表示出现了目标行为，R表示给予了强化）

小步骤强化

- 有的家长抱怨总是找不准强化机会。其实，不管目标行为是什么，一开始就要求孩子一口气从头到尾全部独立完成，对孩子来说是很困难的。我们可以分解任务，对每一个小步骤进行强化，这样就能降低目标的完成难度，就能提供给孩子很多鼓励机会了。
- 参考前面步骤4中讲解的任务分解，我们将目标行为细分，从孩子力所能及的地方开始引导，这样就能够给予更为扎实的强化了。

逆向串链

将复杂的技能进行任务分解后，我们从最后一步开始，一步一步地往前塑造行为的方法，叫作"逆向串链"。比如，教孩子穿裤子的时候，我们先将裤子提到孩子臀部的位置，然后让孩子自己做最后一步，也就是把裤子拉到腰部。孩子掌握了最后一步之后，我们再先将裤子提到孩子大腿的位置，然后让孩子自己继续往上拉。如此，我们从最后的动作部分开始教，逐步往前推，从而教会孩子整个复杂的穿裤子技能。这种方法能让孩子比较容易地获得完成任务的成就感，因而孩子学习这个技能的动因就更能得到维持。

顺向串链

将复杂的技能进行任务分解后，我们从第一步开始教，一步一步地按顺序塑造行为的方法，叫作"顺向串链"。比如，教孩子穿裤子的时候，我们让孩子先做第一步，也就是将自己的脚伸进裤腿，然后我们帮助他穿好。随后，我们让孩子把脚伸进裤腿之后，再继续将裤子提到膝盖处，如此，我们从第一步开始按顺序教，从而完成整个穿裤子技能的塑造。

全任务呈现法

将复杂的技能进行任务分解后，我们让孩子从头到尾地执行一遍，在这个过程中我们可以根据孩子的需要辅助他完成个别环节（参考第38页的相关内容）。这种方法是通过全流程引导让孩子能够掌握技能。

代币经济与后备强化物

- 零食虽然是强化物，但在上课时或刷牙后给予也是不合情理的。此外，如果每次都给零食强化物，那么它对孩子的吸引力也会逐渐降低，作为强化物的效果也会逐渐减退。
- 这时我们可以采用一种被称为"代币经济"的方法，它其实就和我们平时常见的"积分卡"一样，用这种策略来强化目标行为。

目标行为示例：老师在课堂上说"知道答案的同学请举手"，孩子听到后举手作答

① 预先在家里或利用课间休息制作好代币表。
　重点：根据孩子的能力情况制作，比如，可以利用孩子喜欢的迷宫棋形式①等。

② 确定用多少积分可以交换什么样的后备强化物。
　重点：在一开始时，积分比例的要求应该低一些（只需要1～2个积分）。
　随后可以根据行为的进展来改变积分比例。

③ 当目标行为完成后，应该一边表扬"真厉害！太棒了！"一边在代币表上贴贴纸或盖印章、打√等。
　重点：有一些孩子最初对口头表扬无感，慢慢地，口头表扬也会逐渐变成强化物。

☞ 重点

- 及时强化、小步骤强化、连续强化与间歇强化、代币经济、后备强化物。

---

① 译注：轮流掷骰子之后走格子的游戏棋，国内常称为"登山棋"。

针对前提 A（行为即将发生前的状态）开展干预

- 即使我们将目标行为仔细地做了任务分解，耐心地等待孩子自发地做出，也会有等不到的时候。这时，我们有必要对 ABC 流程中的前提 A（行为即将发生前的状态）开展积极的干预。
- 在教孩子新行为时，前提 A 的部分如何设置非常重要。

环境调整

- 例如，洗手或漱口的技能。孩子能站在洗脸池边，但他仍然无法独立洗手或漱口，那么我们就需要观察洗脸池的环境，看看是否有影响孩子学习技能的因素。

> 孩子的手能够到洗脸池吗？水龙头对孩子来说是不是太紧了？洗脸池处的环境是不是太暗，让他不安？挂毛巾的位置对孩子来说是不是太高了？水是不是太凉？肥皂和杯子等物品是不是放置得很乱，让孩子难以选用？

　　↓ 我们可以做哪些调整让孩子顺利地洗手或漱口呢？

> 将不用的东西整理干净。放置一个踏脚凳。将水龙头拧松一些。将照明调亮一些。将肥皂、杯子、毛巾等物品按照使用顺序放置到位。将洗手和漱口的示意图贴在洗脸池边。
>
> ※ 上厕所和洗澡的技能学习也一样。如果孩子害怕进入厕所或浴室，那么我们可以在里面放一些孩子喜欢的有动漫人物的毛巾、拖鞋、洗澡时可以玩的玩具等，从而减少孩子对厕所或浴室的厌恶感，让孩子觉得"那里并不是讨厌的地方，而有高兴的事在等着"。尤其是厕所，即使孩子当前还不能在里面大小便，我们也可以先引导孩子坐在马桶上，哪怕坐了几秒钟，我们就马上表扬他"你真棒啊"，以后再慢慢地推进教学。

- 环境调整对学校生活也非常重要。当孩子无法上课或难以完成学习任务的时候，我们需要观察一下现场的环境，了解有哪些可能的影响因素。

> 是不是教室里很吵？是不是孩子总想看窗外？是不是同桌有问题？孩子是不是总沉迷于用铅笔画动漫人物？是不是某种橡皮的香味很吸引孩子的注意力？是不是老师的指令太多，孩子不能理解？是不是孩子需要完成的学业任务太多，或者看不懂没法做？是不是作业难度太高？

　　↓ 我们可以做哪些调整让孩子更好地上课或完成学业任务呢？

> 换个座位。准备一些简单的文具。老师的指令少且明确一些。制作一个时间表。减少一些学习任务。确保学习任务清晰易懂。

辅助与辅助渐褪

- 辅助是我们给予孩子提示或帮助，以便让目标行为更容易出现的方法。
- 我们如果只是干等着孩子自发地完成目标行为，那么就有可能怎么也等不到。因此，我们要提供辅助，引导行为的发生，从而增加孩子做出目标行为并获得强化的机会。
- 辅助有不同的方法和等级，如下表所示，我们可以分几个阶段来提供辅助。一开始，我们可能要使用对孩子来说非常必要的、最大程度的辅助，从而确保孩子出现目标行为并获得强化，随后，我们可以逐渐降低辅助等级，这叫作"辅助渐褪"。

辅助种类与级别	做 法
全辅助	我们直接辅助孩子完成目标行为。 孩子写字时我们把住孩子的手来移动铅笔，孩子做操时我们在孩子身后控制孩子的身体引导其做出动作，等等。
部分辅助	我们对孩子进行部分辅助，引导目标行为的出现。 进餐时我们拉着孩子握勺子的手至食物边上，课堂上需要孩子举手时我们托起孩子的肘部，等等。
直接的语言	我们使用语言直接指出孩子应该做的行为，引导目标行为的出现。 孩子回家后我们对孩子说"洗手吧"，外出时我们对孩子说"上厕所、穿鞋"，在课堂上我们对孩子说"看老师"，等等。
视觉提示	在周围环境中我们布置上可以查看的提示，让目标行为更容易出现。 我们在孩子的视线范围内贴上一天的日程表，在孩子的衣服上做记号帮助孩子分清衣服前后，在鞋柜上贴上写着"鞋"的贴纸或画着鞋的图片，等等。
示范	我们可以先做出目标行为，让孩子跟随模仿。 我们让孩子模仿同桌的做法打开自己的教科书，让孩子在车站买票时观察并模仿前面的人的举动，等等。
间接的语言	我们使用语言间接地提示孩子应该做的行为，引导目标行为的出现。 孩子回家后我们问孩子"现在该做什么了？"在课堂上我们对孩子说"同学们在做什么啊""老师在讲话呢"，等等。
示意	当孩子已经掌握了一项技能，但他在某种状况下忘了使用这个技能时，我们可以使用的最小限度的辅助方式。比如轻点一下孩子的手腕，问孩子"你忘了什么？"以此提醒孩子回到自己的任务上。

重点

- 环境调整、辅助与辅助渐褪。

家庭作业

- 在日常生活中，尝试着对孩子进行辅助。
  思考一下这些辅助在引导孩子的行为上起了多大效果，是否必要？
- 看看自己是否根据当前的辅助等级而对强化物的大小和数量进行了合理的调整。

步骤 8-2 对过度行为开展干预
——减少或改变问题行为

我们在帮助孩子减少或改变过度行为时，要针对前提 A（行为即将发生前的状态）和后果 C（紧接着行为的后果）进行干预。

- 对某个行为进行惩罚，有 2 种方法，一种是在行为发生之后马上呈现厌恶刺激（因厌恶刺激的出现而带来的惩罚），另一种是在行为发生之后马上去除强化物（因强化物消失而带来的惩罚）。
- 20 世纪 70 年代，这些利用"惩罚"原理的策略经常被使用，但其缺点也逐渐为人所知。比如，使用这些策略虽然可能马上就会有效，但效果难以持续，惩罚的强度也需逐步提高，而且被惩罚者会与执行惩罚的人对立。
- 如今，一种被称为"积极行为支持"（Positive Behavioral Support, PBS）的干预策略成了主流，即我们对问题行为发生的环境做出积极调整，作为预防措施，建立起让问题行为不会发生的环境。

对前提 A（行为即将发生前的状态）开展干预

环境调整

- 通过行为观察对行为功能进行分析之后，我们首先应改变前提 A（行为即将发生前的状态），建立起一个让问题行为不容易发生的环境，这种预防干预很重要。

例：上课时哭闹
A：突然布置了不喜欢的数学作业（厌恶刺激）。
B：哭着把作业本撕了。
C：被要求离开教室去走廊里站着，作业可以不写了。

→ 因厌恶刺激消失而带来的强化。

对策：改变前提 A（行为即将发生前的状态）
· 减少作业的数量，以后逐步增加。
· 降低作业的难度，以后逐步提高。
· 提前告知"接下来要写作业"。
· 提供视觉化任务表，让孩子预先知道接下来的安排。
· 事先商定写完作业后孩子能得到什么强化物。

※ 让孩子有自己选择代币贴纸的图案及闲暇活动内容的权利，也是很重要的。

例：自我刺激
A：独自坐在客厅里。什么刺激也没有。
B：转圈，双脚跳，嘴里发出怪音。
C：获得感官刺激。

→ 因强化物出现而带来的强化。

对策：改变前提 A（行为即将发生前的状态）
· 跳绳。
· 边跳绳边数数。
· 跟着音乐跳。
· 利用沙发、椅子和坐垫开发出即兴运动课程。
· 请孩子帮忙做简单的家务。

对后果 C（紧接着行为的后果）开展干预

- 有时，即便我们在问题行为发生之前就做出调整环境的预防措施，问题行为也还是会出现，这时，我们可以通过对后果 C（紧接行为的后果）开展干预来减少问题行为的发生。
- 减少问题行为发生的策略有 4 种，我们可以按照下面的等级顺序从低至高地选择。

低等级 ↓ 高等级	等级 1：因强化物出现而带来的强化	差别强化
	等级 2：消退	行为不带来强化物（A 与 C 没有变化）
	等级 3：因强化物消失而带来的惩罚	反应代价，罚时出局
	等级 4：因厌恶刺激出现而带来的惩罚	过偿纠正

等级 1：差别强化（因强化物出现而带来的强化）

- 差别强化是指只强化目标行为而不强化其他行为。
- 只在事先约定好的行为出现时才提供强化物。
- 差别强化有以下几种类型。

1. 对替代行为的差别强化
（DRA：Differential Reinforcement of Alternative Behavior）

这个策略是，我们教孩子掌握可以替代问题行为的适当行为，这个替代的行为要与问题行为具有相同功能，同时我们要对这个替代的行为进行强化。这个策略和之前讲解的"增加缺乏行为"一样，重点在于我们需要通过小步骤教学和及时辅助来引导替代行为的出现，从而进行一步一步地塑造。

干预前孩子的表现	DRA 干预方法
逃避：遇到困难任务时，哭闹、撕作业本。	跟老师或同学说："太难了，我不会做，教教我吧！"
关注：得不到关注时，哭闹、扔东西、破坏物品。	靠近妈妈呼叫，"妈妈！""看我！""看这里！"
获取物品或活动：在零食货架前不停纠缠。	运用语言、手势或图片表达，"我要这个。"
感官刺激：闲暇时做摇头、晃手等自我刺激的行为。	玩跳绳或玩蹦床，一起唱歌，帮忙做饭。

2. 对不兼容行为差别强化
（DRI：Differential Reinforcement of Imcompatible Behavior）

无法与问题行为同时出现的其他行为，叫作"不兼容行为"。如果我们帮助孩子增加了不兼容行为，就可以减少问题行为的出现。采用这个策略时我们需要注意，应该通过小步骤教学和及时辅助的方法来塑造，引导孩子出现不兼容行为。

干预前孩子的表现	DRI 干预方法
上课时多次离座。	要求孩子安坐，读书，做作业，回答老师的问题。
攻击同桌的孩子。	引导孩子开展需要动手操作的活动，比如在作业本上粘贴答题纸，在笔记本上抄板书等。
与弟弟一起玩时，用双手推倒他。	要求孩子参与就餐前的准备。
击打自己的头部。	引导孩子敲击乐器，做手指操，玩双手翻绳游戏，拿笔画图。

3. 对其他行为差别强化
（DRO：Differential Reinforcement of Other Behavior）

这个策略是，我们确定了作为干预目标的问题行为，在该问题行为没有出现的时间段内，对所有的其他行为给予强化，从而延长不出现该问题行为的时间，最终使其消失。

在开始实施这个策略时，我们可以将提供强化物的时间间隔设定得短一些，比如 1 分钟，进而再逐渐延长时间。这样就可以在 45 分钟的上课时间里，逐步减少孩子离座行为的次数。

强化目标问题行为之外的其他行为，这有可能会导致其他问题行为也被强化，因此，DRO 需要和 DRA 等其他策略组合起来使用才更有效。

等级 2：消退

- 接下来可优先选择的第 2 等级的策略，是"消退"。
- 之前一直被某个后果所强化的行为，如果强化的这个后果不再出现，那么该行为就会逐渐消失。
- 消退经常被误解为"只是忽视问题行为"，其实并非如此。消退的目的是让作为干预目标的问题行为无法再实现其功能，也就是说，A（行为即将发生前的状态）和C（紧接着行为的后果）不会带来环境的改变。

消退 ≠ 忽视

干预前孩子的表现	消退干预方法
逃避：遇到困难任务时，哭闹、撕作业本。	帮助和引导孩子完成任务。
关注：得不到关注时，哭闹、扔东西、破坏物品。	做出什么也没发生的样子，但如果出现危险行为，就需要默不作声地制止。
获得物品或活动：在零食货架前不停纠缠。	无论怎样纠缠，都不给买。

消退只是减少行为问题的方法，因此，我们还需要将 DRA 或者 DRI 策略与消退策略结合起来，更好地引导孩子掌握适当行为，同时还有必要对前提环境进行调整。比如，我们可以采用无论孩子怎么纠缠也不给他买零食的做法，但等孩子平静下来之后，我们就要表扬他，"你能安静地等着，真厉害！"或者使用代币，告诉他，"再安静地等待一会儿，你就可以获得一张贴纸了。"

> - **注意消退爆发（参考第 11 页的相关内容）**
>   当孩子因要零食而哭闹时，如果大人对此不给予反馈，那么有时候孩子就会越哭越厉害。周围的人可能会吃惊地说："哭成这样，你就给孩子买吧！"但大人如果这时候给孩子买了零食，就前功尽弃了，孩子就会觉得"只要闹得激烈就能得到好处"。消退爆发其实正是"消退开始起作用的标志"，所以不要着急，我们应该耐心等待孩子平静下来。
> - **采用消退策略时找到自我放松的方法**
>   当然，人非草木，我们有时确实会受不了孩子的哭声，那么就塞个耳塞，或者去隔壁喝点茶，听听音乐，找一个能让自己放松的环境，慢慢等待孩子平复下来。

等级3：反应代价，罚时出局（因强化物消失而带来的惩罚）

- 第3种应对策略是使用惩罚。惩罚有2种方法，去除强化物和呈现厌恶刺激，我们应该优先使用去除强化物的方法。

1. 反应代价

反应代价，也就是"对行为的发生付出一定代价"的意思。这个方法是，在问题行为发生之后，我们拿走一定数量的孩子已经拥有的强化物。这个方法在日常生活中也会经常用到，比如，开车超速及违章停车时的罚单和罚款，都是很好的例子。

这个方法在学校等集体生活场景或家中都可以使用。比如，当孩子在课堂上离座，或者说脏话、自伤、打人、撕作业本等问题行为发生时，我们可以定量地扣除他已有的代币。如果孩子有足够的语言能力，那么我们还可以明确地告诉他扣除代币的原因。

反应代价和代币系统组合使用会更有效果。孩子出现适当行为时可以获得代币并积攒起来，反过来，出现问题行为时，他积攒的代币就会因被扣除而减少，如此我们就既可以有效地帮助孩子增加适当行为，也可以有效地帮助孩子减少问题行为。

2. 罚时出局

罚时出局是指"从强化物丰富的场所中被罚出"的意思。这个方法是，孩子原本可以一直获得某个强化物，但一旦他出现问题行为，我们就立刻将他带到无法再得到这个强化物的地方，并让他在那里待上一段时间，也就是说，他获得强化物的机会将会被取消一段时间。使用这个方法的前提条件是，在出现问题行为的场所原本有丰富的强化物。比如，孩子因为讨厌做作业而出现了哭闹行为，如果我们要求他"离开教室一会儿"，则反而会强化这个哭闹行为。罚时出局是指把孩子放到一个他得不到玩具，或者无法参加有趣的活动，或者不能获得周围人的关注等对他来说没有强化物的地方，那里可以是一个无趣但安全的空间，比如教室最后边、客厅里沙发隔开的角落空间等，我们要让孩子体会到在那里一点都不好玩，待在那里会有很大的损失。

例如，孩子在与小朋友争抢玩具的过程中用力推人，对老师给予的指导表现出过度反抗，生气时破坏家里或学校的物品，在餐桌上自己的要求得不到满足时大哭，等等，对于这些表现我们都可以考虑使用罚时出局策略。但是，罚时出局的时间既不能太长，也不能太短，否则都会影响效果，通常1～5分钟最为妥当。

等级 4：过偿纠正（因厌恶刺激出现而带来的惩罚）

- 最后一种我们可以选择的应对策略是"因厌恶刺激的出现而带来的惩罚"。这个做法之所以放在最后，是因为它在伦理方面有问题，以及它的效果不能持久等问题。此类惩罚策略如今已经不再被积极推荐了。
- 对某个行为问题的干预，如果我们已经充分尝试使用了前面的 3 种策略但仍未见效，那么作为最后的手段，我们可以考虑选择这种惩罚方法。
- 现在，这类排在第 4 等级的惩罚，在实践中应用最多的方法叫"过偿纠正"。比如，孩子在发怒时打破了花瓶或把食物撒了一地，此时我们可以尝试使用这个方法，不仅要求孩子清扫地面，恢复原状，也就是将这个问题行为给周围带来的麻烦处理掉，还更进一步要求他做得更多，要比原先更整洁、干净。注意，这个方法只有在"清扫"任务对孩子来说是一种厌恶刺激时才有效。
- 体育锻炼的惩罚也属于第 4 等级的一种方法，但这种方法也会给孩子的身心施加过多的压力。由于这种方法可能存在这样的风险，所以如今也不提倡用它来作为处理问题行为的主要方法了。

> ☞ **重点**
> - 问题行为处理策略的 4 个等级。
>   差别强化，消退与消退爆发，反应代价、罚时出局，过偿纠正。

> ✎ **家庭作业**
> - 请写出我们可以通过哪些策略来应对孩子的问题行为，请从最优先考虑的低等级策略开始。

步骤9 评估干预效果

行为干预开始之后，我们需要定期评估，看看目标行为是否出现，了解干预效果如何。

- ABA 最主要的任务是让行为发生确实的变化，那么通过定期记录的行为数据客观地了解行为改变的过程，就非常重要了。
- 只有客观地观察并记录数据，才能让我们确认干预是否有效。不能只是空泛地说"孩子乖多了"，而是应该具体描述，如"他以前每天会离座10次，现在减少到了2次"，这样的评估方式才是明确而有用的。

评估干预效果

① 记录行为数据
- 记录方法和对基线数据的记录方法一样。
- 干预的同时记录数据可能会比较困难，我们可以先拍摄视频，之后回看时再做记录。
- 对于行为的频率及持续时间，我们可以使用挂在脖子上的计数器或秒表来做现场记录。我们可以预先制作记录表，这会很有帮助。
- 我们如果不能每天记录，那么也可以采取每两天记录1次或每周记录2次等方法进行间隔记录。

② 数据图表化
- 图表制作软件可以方便我们保存数据，我们的"记录行为数据"这个行为也会从中得到强化。
- 如下图所示，横轴是时间，纵轴是行为数据，把基线数据和干预开始之后的数据并列记录在一张图里，那么干预是否奏效就一目了然了。

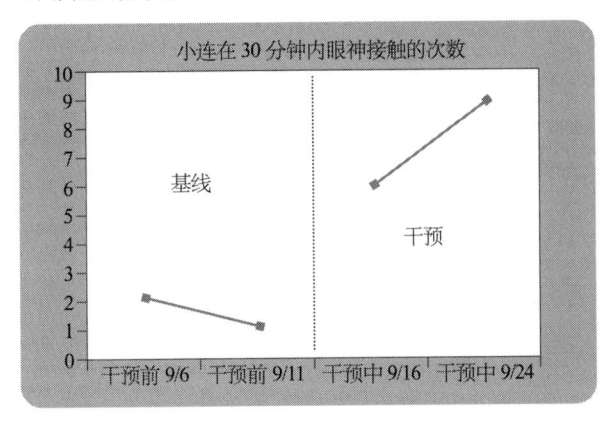

小连在30分钟内眼神接触的次数

	干预前 9/6	干预前 9/11	干预中 9/16	干预中 9/24
基线	2	1		
干预			6	9

步骤 10　当干预奏效时
——对行为进行维持和泛化

当干预奏效，并且数据能够保持在较高的水平时，我们就可以进入下一个阶段，开始对行为进行维持和泛化。

改变强化的频率和方法

- 如果我们自认为孩子已经学会了，因而就掉以轻心，不再对行为进行强化，那么孩子就有可能又不会了。我们应该逐步撤出所提供的额外强化，并且要采取策略维持和泛化目标行为。
- 假如我们前期的策略是对每一次出现的适当行为都给予强化，那么接下来我们可以改变强化的频率，比如每出现两次目标行为，我们强化一次，进而每三次强化一次，如此逐渐降低频率，或者我们采取随机变化的强化频率，这样可以有效地让孩子不能确定何时会得到强化，这种方法叫作"间歇强化"。
- 我们还可以运用代币，或者将强化物从食物变成玩举高高、挠痒痒之类的有肢体接触的游戏。我们也可以只使用口头表扬，如"你真棒啊"等，并且逐渐改变表扬的内容和频次。

促进自我管理

- 像洗手、大小便、学习及在教室里安坐和做作业等行为，我们希望孩子在逐渐掌握行为的情况下，能够在完成任务时进行自我强化，这非常重要。我们可以引导孩子在完成任务后做出自我判断，"我完成啦！"比如，我们在递给孩子代币板时问孩子"该做什么了？"并辅助和提醒他"该贴贴纸啦！"从而促进孩子自发地对自己的行为做出赞赏。

泛化训练

- 如果孩子掌握了某个行为,而且该行为也可以适当地出现在其他场合,或者孩子能够针对相同的情形做出不同的行为应对,那么,这就说明孩子掌握的行为种类增加了,他能够适应的环境更多了,他的生活也会更加多姿多彩。
- 泛化分为2种,刺激泛化和反应泛化。

1. 刺激泛化

- 某个行为可以在不同的前提A(行为即将发生前的状态)下都能出现。
- 例如,在孩子能够对妈妈说"给我果汁"之后,我们再练习让他对爸爸也能够说同样的话,这样,在不同的前提条件下,孩子提要求的技能都能出现。
- 当孩子在小朋友家玩,或者在教室、在商店里的时候,他也能通过说出"给我这个"来获取自己需要的物品。

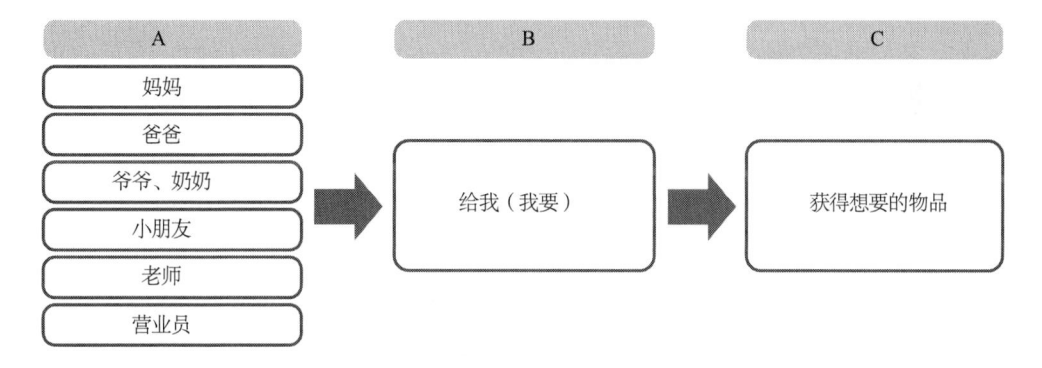

A	B	C
妈妈 爸爸 爷爷、奶奶 小朋友 老师 营业员	给我(我要)	获得想要的物品

2. 反应泛化

- 在同样的前提A(行为即将发生前的状态)下,出现不同的行为应对。
- 作业很难时,孩子可以对老师说"我不懂",接下来,他还要学会说"老师,教教我吧",或者学会求助其他小朋友。通过这样的练习,孩子在面对困难时就会出现不同的语言表达或者求助不同的人。孩子还可以自己查阅教材或笔记,参看黑板上写出的提示,等等,这样孩子在相同的情况下就能采取不同的行为对策,从而达到同样的结果。
- 通过以上的练习,孩子不再只会千篇一律地说"我不懂",他的行为会变得更多样化,生活也会更多姿多彩。

A	B	C
作业很难	问老师 问小朋友 看教材 看笔记 看黑板	完成了作业 知道了答案

步骤 11　当干预无效时
　　——行为数据是否正确？干预计划是否适当？

　　有时，我们执行了干预之后，也难以看到效果。例如，我们教孩子把"我要"的图片交换卡片递给家长来代替哭闹行为，可是孩子学过之后其哭闹行为也没有减少。

　　这时，我们需要再次观察行为，收集数据，重新考虑干预方法。

为什么没有效果？

干预无效的原因可能有好几种。
- ABC 分析是否有错误？
- 行为数据的记录方法是否恰当？
- 任务分解是否不够细？小步骤教学是否推进得太快？
- 强化物的效力是否太弱？
- 代币兑换率是否太高？
- 强化时间点是否太迟？

　　随后，我们需要继续将行为数据图表化，判断再次干预是否有效。
　　这里最需要注意的是，由于干预无效，家长就认为"这孩子不好教"，而把责任都推到孩子身上，或者认为"我没有这个能力"，而把失败全归咎于自己，这两种态度都是不可取的。
　　一味地探求孩子或自己的个人内在因素，只会出现情绪化的抱怨，并不会让情况好转起来。问题或原因肯定在外部，我们应该把目光放在环境因素上，这样才更有利于找出改善情况的关键点。

干预无效 ≠ 孩子不好
干预无效 ≠ 家长自己不好

专栏 3

"问题行为""不当行为""挑战行为"等多种叫法

　　"问题行为""不当行为""挑战行为"等叫法，都是指孩子出现的"让人困扰的行为"，虽然叫法不同，但原则上意思差不多。
　　在应用行为分析的学术论文和专业书中，"问题行为"这一表述用得最多。在面向家长和老师的入门书中，"不当行为""困扰行为"这样的表述常被使用。对于行为的问题，我们不仅要考虑行为本身，还必须考虑该行为与其背景环境之间的相互作用，所以近些年来我们越来越多地使用"行为问题"这一表述了。在最近逐渐成为主流的积极行为支持（PBS）这一行为干预方法中"挑战行为"（Challenging Behavior）一词常被提到，这种表述强调在改变环境的同时，要更加积极地将对行为问题的干预落实到其他适当行为的教学上。

四、发育障碍儿童的行为干预实践

如今已有充分的科学依据和实证效果表明，ABA 可以有效地减少发育障碍儿童的问题行为，促进他们掌握适当行为。本节将讲解 ABA 在发育障碍儿童的行为干预上的几种主要的具体方法。

DTT

回合式教学
（Discrete Trial Teaching，DTT）

- 回合式教学是一套有效的教学方法，针对的是那些在自然环境下很难学习的发育障碍儿童，它通过控制环境刺激，将学习内容分解成最小的单位，从而开展儿童行为教学。

教学的主要目标行为

① 语言和交流	② 认知和记忆
③ 游戏和休闲活动	④ 自理和基本生活
⑤ 社会性、协调性和对规则的理解	⑥（学龄前）学业

针对目标行为的明确操作

我们根据计划，针对目标行为，向孩子明确地呈现前提 A（行为即将发生前的状态），并及时提供后果 C（紧随目标行为的后果），如此逐一开展技能教学。

简明环境下的教学

我们减少无关的饰物和玩具，让教学环境尽量简洁、安静，布置好教学桌椅，让孩子坐下，进而开展更有效率的桌面教学。

注重任务分解

我们需要根据孩子的学习能力和发育水平，将孩子需要学习的技能进行任务分解，通过小步骤教学，令孩子稳步扎实地掌握技能。

无错误教学

教学刚开始时，我们要为孩子提供较高等级的辅助，从而避免他的失败，确保目标行为获得更多的强化机会，这个策略叫作"无错误教学"。当行为稳定之后，我们再执行辅助渐褪的教学程序（参考第 38 页的相关内容），引导孩子独立完成任务。

强化物

教学初期，我们通常会使用零食等非习得性强化物，以确保目标行为获得强化，而随着目标行为的出现，仅仅依靠快速、机械地提供食物类强化物是不够的，我们还需要向孩子展示笑容并进行口头表扬，再出示食物类强化物。这样的练习可以让孩子渐渐在没有食物奖励的情况下，只从表扬中就能获得社会性强化。

拓展阅读：
① 《语言行为方法：如何教育孤独症和相关障碍儿童》，（美）玛丽·林奇·巴伯拉，（美）特蕾西·拉斯穆森 著，美国展望教育中心译，华夏出版社，2021 年出版。
② 《孤独症儿童行为管理策略及行为治疗课程》，（美）罗恩·利夫，（美）约翰·麦克伊钦主编，蔡飞译，华夏出版社，2020 年出版。

PRT

关键反应教学法
（Pivotal Response Treatment，PRT）

● 关键反应教学法是一种在更为自然的环境中开展行为教学的实践方法，它能有效提高发育障碍儿童的语言技能和社会交流技能，以及对规则的理解和参与游戏的技能。

在自然环境中的教学
PRT 不像 DTT 那样对环境布置有严格的控制，而是可以在客厅或室外等日常环境下开展教学，提供大量的前提机会 A(行为即将发生前的状态)，辅助和引导孩子出现适当行为，并给予强化。

引导自发反应
例如，当孩子看见架子上的皮球时，我们可以引导孩子说"啊！皮球"，或者引导孩子提要求如"给我球"，等等，利用环境中随处都有的学习机会，引导孩子出现主动反应，使其获得更为自然的强化，这是运用 PRT 进行行为干预的重点。

这样做……
例如，我们将孩子喜欢的玩具放在他够不到的架子上，引导他提要求如"我要球"，或者引导他一边说出目标玩具名称，一边用手指向该玩具。孩子一旦出现这样的目标行为，我们就马上把玩具拿给他，从而自然强化该行为（强化物出现而带来的强化）。

PRT 追求的效果
在自然环境中进行行为干预，可以达到以下效果。
①泛化：行为更能得以长期维持，并在其他场合中得以应用。
②行为种类：能形成更多类型的行为。
③主动性：目标行为在日常生活中更容易自发出现。

拓展阅读：
①《孤独症谱系障碍儿童关键反应训练掌中宝》，（美）罗伯特·凯格尔，（美）琳·柯恩·凯格尔著，胡晓毅、王勉译，华夏出版社，2015 年出版。
②《孤独症儿童关键反应教学法》，（美）奥温·C.斯塔曼等著，胡晓毅译，华夏出版社，2021 年出版。

EIBI

早期密集行为干预
(Early Intensive Behavioral Intervention，EIBI)

- 加利福尼亚大学洛杉矶分校的洛瓦斯（Lovaas）博士的研究表明，在孩子确诊发育障碍之后，如果我们尽可能地在早期开展密集的 ABA 干预，即早期密集行为干预，就能够更有效地提高孩子的交流技能、认知技能、学龄前学业技能和运动技能等，并且能让孩子更有机会无障碍地进入普通学校学习。

年龄与学习时间

实施 EIBI 更为有效的年龄，普遍认为是 2～4 岁。在家庭及学校里，孩子每周接受 30～40 小时的一对一形式的行为干预，持续学习 1 年以上，孩子的智力、适应能力、语言技能、社交技能等方面会发生良性的变化。美国的指导方针是把从早期开始的每周 25 小时的 ABA 密集干预作为对发育障碍儿童最有效的训练方法。

家长也能成为训练师

EIBI 除了 ABA 训练，还包括家长与孩子的接触互动。家长与孩子的接触互动非常重要，因为家长几乎所有的时间都可以与孩子在一起。接受过 ABA 培训的家长，可以与老师采用一致的 EIBI 方法，这样孩子的适当行为就更容易增加。近年来受过培训的家长的作用越来越明显。

拓展阅读：
《早期密集训练实战图解》，（日）藤坂龙司，（日）松井绘理子著，狄晓卓译，秋爸爸审校，华夏出版社，2021 年出版。

PECS

图片交换沟通系统
(Picture Exchange Communication System，PECS)

- 图片交换沟通系统是一套利用视觉提示的教学实践工具，引导孩子使用图片或照片、图标等视觉工具，自发地进行功能性沟通，它也是基于 ABA 原理的一种替代沟通策略。由于它使用的是常见的图片系统，不需要孩子掌握手语，因此孩子除了可以在家里或在学校里使用它，还可以在商店里、公交车上、街道上等多种社区生活场合使用它，从而达到有效沟通的目的。系统中所用的图片，家长可以自己制作，可以将玩具或零食的包装剪下来利用，也可以拍照或手绘。

方法

PECS 的教学由几个阶段组成。首先，我们引导孩子用一张图片来交换自己想要的物品，让孩子学习如何运用图片与实物的交换来实现自己需求的表达；接下来，引导孩子自己取图片交给想要沟通的人，从而塑造孩子更为主动的沟通技能；进而引导孩子区辨，如何选取正确的图片来准确地表达自己的意愿。

拓展阅读：
《扩大和替代沟通：支持有复杂沟通需求的儿童与成年人（第 4 版）》，（美）大卫·R. 比克尔曼，（美）帕特·米伦达著，陈墨、彭燕译，华夏出版社，2020 年出版。

> **影子老师**

- 影子老师支持策略指的是家长或训练师进入发育障碍儿童所在的幼儿园或中小学校，在集体生活场景中，现场引导孩子做出适当行为，支持并强化孩子在集体环境中所必需的学习技能和生活技能。

目标行为

包括学校环境中所需的所有技能。
- 增加与学业相关的行为（安坐，做作业，举手，学龄前学业技能，运动技能）。
- 减少教室场景里的问题行为（离座，自伤，攻击他人，辱骂他人，发脾气，逃避作业）。
- 提高集体活动中必要的沟通技能和对规则的理解（听取他人的发言，表达自己的观点，模仿同伴）。
- 增加度过休息时间的技能（在操场上游戏，在教室内玩耍，在各教室间移动）。

影子老师的支持方法

影子老师可以位于孩子的旁边或身后，阶段性地为孩子提供辅助，引导其安坐和参与课堂任务。当孩子做出适当行为时影子老师可以提供即时表扬，也可以给出代币，或者用诸如给出OK手势等方法，强化孩子的行为。

在学校环境里使用的强化方法中，最常用的是代币奖励。在教室场景里，我们难以使用给零食、玩游戏或看电视等强化，而予以代币奖励可以有多种方案。比如，"攒了5个√，放学回家后可以玩30分钟游戏"，"攒满10张贴纸，可以交换1张动漫人物卡"。影子老师引导孩子通过积攒足够的代币积分交换后备强化物。具体的兑换比例和兑换时间，应该由影子老师事先与孩子做好约定。此外，在教室里使用视觉效果明显的代币奖励表，也可以有效地提高孩子遵守学校规则的动力。

在家里

影子老师可以把在校期间发现的孩子在集体环境中的某些欠缺技能作为目标行为，以此制订教学任务，在家里开展针对性的密集教学。当孩子的适当行为增加之后，影子老师在教室里就可以拉开与孩子的距离，引导孩子独立地参与集体学习活动，进而逐渐撤出自己的现场支持，这是影子老师支持的最终目标。

与学校的协作

在日本，影子老师尚未普及，家长或训练师要进入学校提供支持，目前还很难。家长和训练师应该与校长、班主任老师和特教老师积极协商，说明影子老师的目的和意义，在共同理解中加强多方合作，保持干预的一致性。

拓展阅读：
①《影子老师实战指南》，（日）吉野智富美著，任文心、秋爸爸译，华夏出版社，2021年出版。
②《学校影子老师简明手册》，（新加坡）廖越明，（美）杰德·贝克著，秋爸爸、任文心译，华夏出版社，2023年出版。

> **行为咨询 / 家长培训**

- 行为咨询是一种间接执行的行为干预策略，主要是由专业人士为孩子的家长或老师讲解ABA的基础知识和干预方法，提供制订个别化教育计划（Individualized Educational Program，IEP）的方法，教授干预中的辅助和强化等操作技术，指导行为数据的记录办法，等等，目的是培训家长或老师成为干预主体，从而引导和促进孩子的适当行为的出现。

    优点
    一般来说，如果家长只看专业书籍，会很难理解ABA的理论和方法，他们就不知道该如何对孩子的行为开展功能分析，也不能很快地找准目标行为去强化及塑造。
    通过行为咨询，专业人士可以帮助家长或老师更好地解决这些难点，指导他们改进自己与孩子的相处方式，提高他们的行为功能分析能力，让他们在与孩子的接触中更加自信。

    目标行为与方法
    在与孩子的接触过程中，家长或老师的表现，他们与孩子互动的方式，以及孩子的行为表现，这些都是咨询的主要内容。家长需要定期录制自己与孩子在日常生活场景中的相处情况，或者录制自己开展DTT、PRT等行为教学的过程，然后请行为咨询师审看并予以指导，行为咨询师通过讲解和示范，向家长教授更适当的干预方法。

- 家长培训的目的是引导家长更好地掌握与孩子相处的干预技术。授课老师组织多个家庭的家长参与课程学习，通常每周1次，每次2小时，课程以讲座形式开展，每个系列通常有6～8次讲座。课程内容包括ABA的相关知识、实操案例、具体行为的对应方案，以及孩子在干预中的变化，等等。如果每位家长的烦恼都大致相同，那么大家在一起交流讨论，互相促进，大家都会受益良多。

> **TEACCH**

结构化教学法
（Treatment and Education of Autistic and related Communication handicapped CHildren，TEACCH）

- 结构化教学法，并不是一种特定的干预方法，而是一种基于为障碍人士提供终身支持的理念而建立的构架，从而使障碍人士过上无压力的生活。它利用谱系障碍的某些特征，让谱系人士发挥出已具备的技能，从而更好地适应现实生活。

    方法
    TEACCH的特点在于，它为障碍人士提供结构化的生活流程，将时间、空间和操作顺序等信息通过简单易懂的提示呈现给障碍人士。
    - 流程视觉化：在学校和家庭里，用图片展示每日的时间表、每周的活动计划表等，从而为障碍人士创造一个在视觉上就可以预知流程的环境。
    - 物理环境结构化：对学习场所、工作场所、休闲场所等区域进行合理的物理空间划分，在每个区域空间都提供明确的提示，告知障碍儿童各场所的特定功能，从而创造出一个有利于目标活动顺利开展的环境。

拓展阅读：
①《孤独症和相关沟通障碍儿童治疗与教育》，（美）加里·麦西博夫，（美）维多利亚·谢伊，（美）埃里克·邵普勒编，秋爸爸译，华夏出版社，2021年出版。
②《孤独症谱系障碍学生课程融合：应用TEACCH助力融合教育（第2版）》，（美）加里·麦西博夫，（美）玛丽·霍利，（美）西格妮·纳福特著，于松梅、曾刚译，华夏出版社，2019年出版。
③《结构化教学的应用》，于丹著，华夏出版社，2021年出版。

同伴训练

- 这里的同伴指的是"同龄伙伴",我们将同年龄的孩子召集在一起,引导障碍儿童在集体里做出适当行为并给予强化,这种有同伴参与的训练方法,叫作"同伴训练"。同伴训练是一种直接干预的策略。我们引导障碍儿童直接观察普通儿童的示范行为,然后创造机会,让障碍儿童学习适当行为。

目的

俗话说"近朱者赤",同伴训练最主要的目的是引导障碍儿童在普通儿童群体里通过观察和模仿,学习适当的行为。除此之外,我们还可以通过同伴训练让障碍儿童在上小学之前了解教室环境,学习课堂场景下的集体规则,我们也可以在这个过程中,发现障碍儿童在集体环境下需要进一步改进的目标行为,然后开展评估和专项教学。

方法与目标行为

我们可以组织2~8名普通儿童与障碍儿童在一起,布置模拟的教室场景,开展集体的游戏活动,学习集体生活环境下的适当行为。例如,举手发言、做作业、听老师讲课,以及参与小组讨论和活动时必要的技能,能够排队等待邀请小朋友、遇到厌恶的事时说"不"、在必要时说"谢谢",等等。

拓展阅读:

①《孤独症儿童同伴游戏干预指南:以整合性游戏团体模式促进社交和想象力》,(美)帕梅拉·J.沃尔夫伯格著,马安迪、马梓译,华夏出版社,2023年出版。

②《孤独症儿童游戏与想象力(第2版)》,(美)帕梅拉·J.沃尔夫伯格著,马安迪、索燕京译,华夏出版社,2017年出版社。

SST

社交技能训练
(Social Skill Training,SST)

- 社交技能训练是在模拟环境中,针对生活中必需的社交和沟通技能,设置场景并开展目标行为的教学,通过强化策略,让孩子掌握技能,并且最终能够在生活中运用。

方法与目标行为

我们将同年龄的普通儿童召集在一起,以他们的社交表现作为模板,引导障碍儿童参照学习。我们可以先确定某一个社会生活的主题,比如,早上到校时的打招呼,"早上好",然后布置出模拟环境,塑造孩子打招呼的行为。如果开始时不顺利,那么我们可以让普通儿童先做出示范行为,然后引导障碍儿童模仿,模仿成功之后周围的人给予表扬,从而积极地教授障碍儿童社交技能。当障碍儿童的社交行为已经能够在模拟场景中熟练运用之后,我们还需要在日常生活中创造有利于该行为出现的环境,并对障碍儿童掌握的技能开展泛化教学,丰富行为的种类。需要教学的目标行为通常有打招呼、向他人表达自己的意见、表达自己对他人言论的感想、在校期间向老师提问、在公交站购票或问路、拒绝自己不喜欢的事物、排队等候等等。

拓展阅读:

①《社交技能培训手册:70节沟通和情绪管理训练课》,(美)杰德·贝克著,张雪琴译,华夏出版社,2022年出版。

②《图说社交技能(儿童版)》,(美)杰德·贝克著,陈烽、朴知雨译,华夏出版社,2022年出版。

第二部分

ABA 干预实例

实例1 汤米，4岁，男孩（孤独症谱系障碍倾向）

2岁0个月	体检时，无法配合，未能完成检查，需要半年后再次检查。
2岁6个月	再次体检时，仍然无法配合，未能完成检查，被建议去幼儿疗育中心接受干预。全家搬家。
2岁9个月	幼儿疗育中心告知可能存在"发育障碍"。
2岁10个月	在幼儿疗育中心开始接受干预（每周2小时）。 父亲：开始寻找对发育障碍儿童有效的干预方法。 向行为咨询师提出ABA干预服务的申请。 父母和行为训练师一起对孩子开始进行ABA干预。
2岁11个月	发育检查[日本儿童发育评估（K版）]DQ（发育商）94分。
3岁3个月	进入幼儿园的幼龄班。
3岁7个月	进入幼儿园的小班，结束了在幼儿疗育中心的干预。
3岁11个月	发育检查[日本儿童发育评估（K版）]DQ（发育商）104分。
4岁4个月	行为训练师干预结束。由父母继续干预。

最初被怀疑存在发育障碍时的情况

- 2岁时体检

汤米那时候是一个非常难带的孩子，在家里很难静下来，只有很少的语言，在玩的时候根本不理睬我们的呼唤。每天他想干什么就一定要干什么。"这孩子到底能不能听见我们说的话？"我们作为汤米的爸爸、妈妈开始担心他的发育状况。

汤米妈妈每天上午和下午各花2～3小时，用自行车或婴儿车带着汤米外出散步，直到汤米肯回家为止。散步的路线和目的地必须符合汤米的心意，否则他就会身体后仰地大发脾气，而汤米妈妈每天只是散步就已经筋疲力尽了。回到家之后，汤米也不会独自玩耍，他会拿着玩具车或积木过来要求妈妈必须和他一起玩，这让妈妈连做家务的时间都没有。在玩耍中，汤米也不会表达他想让妈妈怎么和自己一起玩，可一旦玩法不如意，他就会乱扔玩具并大声哭闹。好不容易安静的时候，他往往在角落里撕书，所以家里不得不有人一直紧紧地盯着他。

汤米对环境的变化也非常敏感。当我们要带他去儿童保健科做定期体检，或者我们说"感冒了要去医院"时，他一发觉苗头不对，就会从出发开始不停地大哭，到了医院之后，他在做那些常规检查时，也会把大家搞得狼狈不堪。

就在这样的状态中，汤米2岁了，需要按常规要求去做2岁的体检了。汤米和妈妈一起去了，也许是周围有保健医生和太多的孩子，汤米果然大哭大闹起来，连"搭积木"和"指物"等简单的测试检查，他都完全不配合。汤米妈妈也向保健医生哭诉了自己平日里育儿的艰难情况，但最后医生说，"过一段时间再来检查吧"，让汤米2岁半时再来检查。半年之后，汤米妈妈再次带汤米来到这家保健医院进行检查，汤米仍然一直哭闹，根本没办法检查。见此情况，保健医生建议汤米妈妈带汤米去幼儿疗育中心接受针对发育障碍儿童的专门干预。

这次体检结束之后，汤米仍然和往常一样任性地生活，但是汤米妈妈却因为身心疲惫，患上了睡眠障碍，不得不去精神科接受诊疗。这时我这个做爸爸的向原来的公司递交了辞呈，"想多些和家人在一起的时间"。我换了工作之后，我们一家也搬了家，离开了最初的那家幼儿疗育中心，保健医生又给我们推荐了新家附近的另一家疗育中心。

确诊后的应对措施，直至了解到 ABA
- **在疗育中心**

搬家后过了一段时间，我们才安定下来，当时汤米2岁9个月，我们一家在新的城市开始生活。汤米妈妈对于去当地的疗育中心，一半是期待，一半是不安。到了那里之后，临床心理治疗师和汤米一起玩玩具，汤米妈妈则去向咨询师咨询。临床心理治疗师和汤米玩了大约1小时之后，告诉汤米妈妈，"汤米存在发育障碍"。当时临床心理治疗师只是说了汤米有发育障碍，但对于接下来我们该怎样与汤米互动，如何更好地养育汤米，每天该如何规划生活，却没有给出任何方案，他只是建议让汤米参加这家疗育中心的干预课程，每周1次，每次2小时。

这个诊断让我们非常震惊，我们原先有很多美好的期盼，比如，我们很快就能与汤米有问有答地对话了，会在送汤米去幼儿园时说"要乖一些啊"，接汤米回家时说"放学啦，你今天过得怎么样"；节假日我们全家能够一起去公园野餐、去游乐园玩；我们盼望着汤米能在幼儿园里结交很多小朋友。然而，从汤米确诊的那一刻开始，不仅我们的这些梦想全都成了泡影，而且对于即将到来的种种困难，我们作为家长也害怕到了极点。"这样的辛苦生活是否会一直持续下去？""这孩子未来几十年的人生该怎么度过？""我们作为他的爸爸、妈妈，怎么样才能帮助到他？"我们对如何继续今后的生活毫无头绪，每天充满了绝望和不安。尽管如此，我们还是相信，只要参加了疗育中心的干预课程，汤米的状况就肯定会得到改善。为了给自己打气，我们在日历上标注了干预开始的日子，每天掰着手指头期待着，然而……

- 诊断之后家长收集信息

我是做科研工作的，汤米一确诊，我马上就开始了解这家疗育中心的具体情况。虽然这所疗育中心给我们的说明材料上写的是"有著名医生给予干预方案建议，干预手段高超"，但是我发现，那个所谓的"著名医生"却无法从医学文献中检索到他的名字，也无从了解他在行为干预领域曾经有过哪些成就。我只在日本的网站上查找到一些关于这家疗育中心的干预课程内容，却找不到证明其可靠的其他信息。

我很疑惑当前的干预课程到底对汤米的发育障碍有没有用，于是就进一步在互联网上和书籍中查找相关信息，某一天，我查到了"应用行为分析（ABA）的干预"的内容，也查到了"ABA 干预的改善数据"及"ABA 的干预比其他方法更有效"等信息。

- 开始接触 ABA

汤米 2 岁 10 个月时，我们带着半信半疑的心情开始让汤米参加这家疗育中心的干预课程，但情况就像我曾经调查了解到的一样，那里的干预课程也只是些简单的游戏活动，连我们这些刚接触发育障碍的新手家长看了都觉得"这肯定没用啊"。汤米妈妈当时很震惊，边哭边追问工作人员，"现在的干预是 TEACCH 吗？"但是她得到的回答却有点莫名其妙，"其实，这是更像音乐治疗的一种疗法……"这使我们下定决心，"必须要立刻开始 ABA 干预"。随后，我们在发育障碍儿童家长的座谈会上了解到了开展 ABA 干预的服务机构，于是我们马上去报了名。

ABA 干预前汤米的行为表现

当时汤米的语言非常少，他只能时不时地说"要饮料"这类两个词的简短需求语。他很少用语言和手势提要求，所以一旦他没能获得自己想要的玩具或零食，或者进入自己不喜欢的场所，无论是在家里还是在外面，他都会当场躺在地上打滚哭闹。这就是当时汤米最常用的表达需求的手段。他的目光接触也很少，不能看着对方表达需求。

外出时，汤米如果到了一个他不熟悉的地方，就会害怕得走不了路，哼哼唧唧地一个劲儿要求"抱抱"。相反，他对公园之类的开阔场所很有兴趣，经常会甩开大人的手跑得无影无踪。由于这些原因，我们外出时必须带着婴儿车，这样才能一直将汤米固定在车里。

在生活方面，汤米不会自己脱衣服，总是由我们给他换衣服。我们也曾经想训练他上厕所，可他从来不会自己主动说"要尿尿"，当我们感觉他"快要尿了"的时候，曾试着把他抱坐在马桶上，可他连进卫生间都不愿意。我们根本不知道该从哪儿教起，最终只好图方便，一直给他穿纸尿裤。

吃饭时，汤米倒是会用勺子和叉子，但吃不到一分钟，他就会从椅子上下来跑开。我们每次都要在后面追，将他抱回椅子上，但他只吃了一点就又会跑开，我们再把他追回来，就这么反反复复地，一顿饭往往要吃一个多小时。我们还曾经想教汤米刷牙，可他极度厌恶，会拼命挣扎，结果一次都没刷成。对于应对汤米的坏脾气我们已经打心底里感到疲惫了，只能放任他为所欲为。

当初，我们就是这样，每天像打仗一般带着汤米生活，可是当他被确诊为"发育障碍"时，我们作为父母，一时间简直不知道该如何继续生活下去。这孩子将来会怎样，我们陷入迷茫之中。就是在这样的时候，我们开始了对汤米的 ABA 干预。

开始了 ABA 干预

从 2 岁 10 个月起，汤米开始了基于 ABA 的 EIBI（早期密集行为干预，参考第 51 页的相关内容）。行为咨询师（参考第 53 页的相关内容）和训练师来到家里，向我们详细询问了汤米的行为表现及我们在他成长发育中发现的具体问题，他们告诉我们这其中哪些是过度行为，哪些是缺乏行为。同时，他们还对汤米的行为表现进行了直接观察。随后，行为咨询师对我们说："如果汤米在 3 岁之前就开始接受早期密集干预的话，是有很大的机会增加他的适当行为的。但是，ABA 干预不只是靠训练师来完成的，每天与孩子生活在一起的家长，你们的努力也非常重要。"他们通过具体实例向我们讲解了很多 ABA 干预的要点。

行为咨询师还针对汤米的一些行为表现进行了功能行为分析，然后制订了个别化教育计划（IEP）。行为训练师每周来我家 2 次，每次 2 小时，开展 1 小时的 PRT 训练（关键反应教学法，参考第 50 页的相关内容）和 1 小时的 DTT 训练（回合式教学，参考第 49 页的相关内容）。

第一天上课时，训练师拿着汤米喜欢的零食和玩具，很开心地与他玩在了一起，平日里很怕见陌生人的汤米竟然一下子就喜欢上了这个训练师。在外出时会一个劲儿要求"抱抱"的汤米，居然为了"去迎接老师"，使劲拉着妈妈的手，自己走路，来到附近的十字路口等待老师的出现。

我们在汤米上课的时候会坐在房间的角落里，观察训练师与孩子互动的方式，以及教学任务的下达与强化的技巧。有时候，我们也会在训练师或行为咨询师的指导下，上场与孩子互动，从中学习各种处理教学问题的方法。每天，我们会在家里学着训练师的操作样子，给汤米开展 ABA 干预。我喜欢理性分析，于是我成了主干预人，当我工作太忙回家太晚时，就由汤米妈妈上场。我们在家里开展的干预，最开始时是每天 30 分钟，后来逐渐延长，每天能够进行 DTT 干预 1～2 小时了。

当时，在对汤米干预的总时间中，由行为训练师进行的干预占 40%，由家长进行的干预占 59%，还有 1% 的时间是在那家疗育中心进行的干预。

居家 ABA 干预

行为训练师和我们执行的干预内容，都是按照上一级的行为咨询师为汤米制订的 IEP 来开展。在这个 IEP 中行为咨询师详细讲解了一些特定技能的教学办法，预测了可能出现的干预结果，以及我们在日常生活中开展干预时可以运用的具体方案。

例如，在 DTT 训练中，孩子能够在家长的辅助（参考第 38 页的相关内容）下进行发音模仿，那么之后我们应该在外出时也利用同样的方法引导汤米与人问候寒暄。

> **DTT 场景**
>
> 家长："你好！"
> 　　　（轻推孩子的后背。）"汤米，说'你好'。"
> 汤米："你好！"
> 家长："你真棒！"（抚摸汤米的头。）

在这个发音模仿的教学中，我们会从一开始的全辅助逐渐过渡到部分辅助。

> **日常生活场景**
>
> 家长：（手放在孩子肩上。）"你好！"
> 汤米："你好！"
> 家长：（抚摸汤米的头。）

最后，汤米能够在日常生活中自然地运用这个技能了。

"再见"或"对不起"等社交寒暄用语，我们也是通过这样的方法逐个教学。现在汤米不管到哪儿去，都会被人夸奖，"哎呀，这孩子真懂礼貌"。听到这些表扬，汤米看上去也很高兴，他满脸笑容，样子更加可爱了，于是周围的人会继续表扬他，"好可爱啊"，慢慢地，打招呼的行为汤米就运用得越来越熟练了。从居家干预的发音模仿教学开始，到在日常生活中的应用，再到能够从外人那里获得社会性强化，我觉得这一切形成了真正的良性循环。

此外，刚开始接受ABA干预时汤米只会一些简单的需求语，他只要说了，我们就会立刻把他索要的物品递给他，这样，他提要求的语言就越来越多了。接下来，我们又开始添加了一些变化。

> 汤米："我要苹果！"
> 家长："苹果？哦，是这个吗？"（拿出一根萝卜。）
> 汤米："不是。这是萝卜。"
> 家长："哦！对不起。这个是苹果。"（换成苹果。）

如此，我们就建立了一个简单的对话，对话之后我们再把苹果递给汤米。训练师指导我们要刻意去做一个"糊里糊涂的家长"，这句话给我们留下了深刻的印象。

汤米特别喜欢吃零食，所以在最初训练时，强化物基本都是零食。我们对只用零食做强化物有点儿担心，于是准备了一些上面印有汤米喜欢的卡通人物的小贴纸和小磁贴来作为奖励品，汤米每攒满4个就拿来换取零食，这样，我们就开始了代币经济（参考第36页的相关内容）的应用，最终成功地逐步减少了零食作为强化物，汤米也越来越喜欢这些贴纸和磁贴。汤米还喜欢听我们和训练师的口头表扬"真棒！"当他与我们一起玩玩具时，这些表扬逐渐成了有效的强化物。我们当初对把零食作为强化物的担心也逐渐消除了。

汤米以前总是在超市的零食货架前或小商品店里大发脾气，因此我们很少会带他去那些地方。但开始训练之后，为了去找汤米喜欢的零食或贴纸，我们又开始经常带他去商店了。在ABA干预期间，我们走遍了当地所有的小商品店。我觉得汤米虽然还小，但他也渐渐地知道了完成学习任务就会得到零食和喜欢的卡通贴纸，也就是"做适当行为能带来好事"。

当然，因为我们之前从未接触过ABA知识，所以我们夫妻俩会在上班途中或在晚上认真阅读行为咨询师向我们推荐的 ABA 入门书籍。此外，为了获得关于 ABA 干预的有用信息，只要时间允许我们就会去参加 ABA 培训和 ABA 家长座谈会。

尤其是 PRT 的相关知识，当时这方面的信息在日本很少，我们只能一边阅读国外的原版书，一边参加行为咨询师举办的 PRT 培训，学习相关理论与实操技术。经过培训和体验，我们开始把 PRT 训练融入所有与孩子的日常接触中。

训练初期就出现的欣喜变化

我们刚接受行为咨询（参考第 53 页的相关内容）的时候，行为咨询师结合我们的实际情况，提出了这样的建议：在日常生活中家长要一边辅助一边引导汤米使用提要求的语言，并随后马上满足他的要求。也就是说，只要汤米说出提要求的话，我们就应该立刻把孩子要求的物品递给他，这样才能更好地强化提要求的语言行为。收到这个建议的当天，我们就开始大量地练习汤米的提要求技能。当他要饼干时，我们就引导他说"饼干"，要饮料时就鼓励他说"饮料"，要托马斯的玩具小火车时就要求他说"托马斯"，等等。诸如此类的练习，我们从汤米最喜欢的而且比较容易发音的物品开始，不到一星期，汤米的"饼干""托马斯"之类的自发语言就多了起来，这让我们感到非常惊喜。

开始 ABA 干预之后不久，有一次汤米和我在外面吃饭。吃完饭后，我对汤米说，"爸爸去送还餐具，你坐在这里等着，数到 10"，然后就离开了座位。我送完餐具往回走时，远远地看到汤米掰着小手数到 10 之后，仍然乖乖地继续坐在座位上。想当初，我们想安安静静坐着吃个饭都非常费力，可眼下的汤米能这么乖巧地听从我的指令了。我很感动，含泪看着汤米，"这真是太了不起了"。从此，我下定决心，要和汤米一起继续努力。

随后到来的变化

ABA 干预之后，汤米以提要求为中心的语言行为很快就增加了，比起以前，我们更容易搞清楚汤米需要什么了，我们和汤米之间的沟通变得更顺畅了。汤米也因为自己能够有效地向我们表达需求，顺畅地达到自己的目的，而不再那么频繁地出现哭闹行为了。

在日常生活中，之前我总是对汤米喊"不要！不能！"但他几乎什么也不听，而现在他的遵从能力（听从指令）逐渐得到了改善，他能够接受我们的指挥，也能够很好地接受我们的辅助了。我们在汤米比较熟练地掌握提要求的语言技能之后，开始将他想要的东西先放在靠近他眼睛的位置上，然后再递给他，通过这样的练习，他的对视行为也逐渐增加了。就这样，我们感觉与汤米在一起的生活变得快乐起来了。

不过，在这个时期，汤米外出时仍然会突然甩开大人的手自己冲出去；只要不如意，不管在家里还是在外面，他都有可能随时会出现打滚哭闹的行为。虽然这类情况在一段时期里依然存在，但是我们已经知道汤米为什么会出现这些问题行为，也知道应该如何处理，所以我们不再为之感到头疼了，只不过有时会在心里嘀咕，"啊，又哭了呀"。这时，我们已经学会了灵活应对，不会再去过度关注他的发脾气行为，而是会等到他哭完之后再对他的好行为给予表扬。在不知不觉中，汤米的发脾气行为逐渐减少了。我们觉得，汤米应该已经掌握了用适当的方法来表达自己的要求，也知道了发脾气反而不能得到他想要的东西。

在幼儿园的生活

汤米在 2 岁 10 个月刚开始接受干预时，还没有上幼儿园，但当时距日本常规提交入园申请的时间已经不到 4 个月了。虽然家庭干预已经让汤米的各方面技能都有所提高，但他在集体生活中会表现得怎样，是否顺利，我们作为父母对此依然感到非常不安。我们不知道到底该不该送他去幼儿园，事实上，我们认为汤米当时根本无法在幼儿园参与集体生活。

最初的那家疗育中心对于如何改善汤米的行为表现及发育状况并没有给出什么建议，我们也觉得那里的做法没什么效果，但我们还是选择每周去参加一次那里的干预课程，最主要的原因是我们希望能够从那里获得公立机构的关于障碍支持的信息，也希望能够在那里与有同样问题的家长们相互交流。我们当时以为，"如果汤米上不了幼儿园，那他今后可能要一直去那家疗育中心了"。

汤米 3 岁的时候，我们就幼儿园与那家疗育中心的选择问题向行为咨询师提出了咨询。行为咨询师认为，"汤米去幼儿园没问题，而且尽量早点去，因为他很有必要学习一些集体生活中必备的技能"，这使我们下定了决心。于是，在汤米 3 岁 3 个月（开始 ABA 干预 4 个月之后）的时候，我们抱着不安的心情，把他送进了幼儿园的低幼班（家长不陪同的集体模式）。

在申请入园时，我们带着汤米一起来到了幼儿园。那里的孩子们在开心地玩耍，汤米看到了，可能也想快乐地玩，于是用祈求的声音哭着说，"要去（那里）"。我们作为父母虽然也想让汤米过去一起玩，但还是感觉"还不行"，当时那种心痛的感觉我们至今记忆犹新。我们告诉园长，"孩子被诊断存在发育障碍"，"我们现在正在进行家庭干预"。园长非常开明，对我们表示理解，还说，"本园曾经接收过发育障碍的孩子，我们有经验，需要帮忙的地方尽管说"。我们作为家长，光是听到这样的话就已经感到非常暖心了，也就不好意思再直接要求幼儿园也同样执行积极的 ABA 应对策略了，我们只是向园方请求，"孩子在集体里有可能不太听指令，遇到这种情况，烦请老师能够单独对他再下一些指令"。

从此，汤米开始与妈妈分离，去幼儿园与其他同龄孩子一起参与集体生活了。在充满焦虑的第一天，汤米妈妈在教室门口松开汤米的手说，"你进去吧"，没想到汤米头都不回，高高兴兴地走了进去。"啊！汤米终于能和小朋友们打成一片了"，我们当时很高兴，但这种高兴没有持续多久。

幼儿园第一学期的期末家长面谈中，老师向我们出示了一张"本学期的捣乱/逃跑行为清单"，同时给出了一个残酷的评价："汤米好像还不能适应集体生活。"我们失望极了，找行为咨询师商量，行为咨询师了解之后，认为"眼下的这个样子还行啊"，我们听了总算感觉轻松了一些。现在想来，行为咨询师当时应该是综合考虑了很多因素才给出这个结论的，比如："汤米确实有做不到的事"，"集体环境中该有的规则"，"普通孩子也常捣乱"，"孩子本身该享有的自由"，等等。

又过了一年，汤米升入这个幼儿园的小班。在低幼班时，他很难跟随集体行动，这曾经令我们非常担心，"他行吗？"但是，汤米在幼儿园生活了一年之后，我们发现他好像很享受集体生活，这甚至让我们放松了警惕。在公开课上，我们看到汤米能够坐在椅子上用蜡笔、剪刀和糨糊制作手工。（对于这些技能，我们在家里的 DTT 训练中也做过很多练习。）他还能在大班儿童的指导下搭积木；在运动会上和大家一起跳操；赛跑时能认真地从起点一直跑到终点。这些都是让我们特别高兴的事。

我们按照行为咨询师的建议，在汤米上幼儿园的几个月后，与班主任老师约定，每月面谈一次。面谈时，我们向班主任老师提出了两个请求，一个是当老师发现汤米在幼儿园有做不到的事情，或者老师有希望汤米能加强的技能时，无论什么，都请马上告诉我们；另一个是当老师向汤米发出了一次指令之后，一定争取让他遵从。此外，每天我们去接汤米放学时，都会询问老师："他今天表现得怎么样？有什么不好的行为吗？"

上幼儿园后，汤米身体上可能有点累，所以有一段时间我们在家里开展干预的节奏也慢了下来。为了保证家庭干预的时间和他的状态，我们下决心终止了疗育中心的干预课程，这样在幼儿园第一学期快结束的时候，我们的家庭干预又回到了原来的节奏上。

上幼儿园后，汤米也逐渐习惯了集体生活，而且通过家庭干预中提要求的训练，他学会了表达自己想做的事，在幼儿园里可以主动接近小朋友并说话了。在幼儿园小朋友的妈妈们第一次聚会上，在饭店的一个包间里我们看到了汤米的进步，他对小朋友们说"来，干杯！""今天我把小汽车带来了，一起玩！"他当时那种天真无邪的表现，是一年半之前我们不曾想到的。

ABA 干预之后的变化

对汤米开始 ABA 干预之后，我们家的生活发生了很大变化，家庭幸福感曲线开始上扬了。汤米掌握的技能不断增加，而且越来越多地应用在日常生活里。我们作为父母也得到了鼓舞，从前的生活看不到未来，而随着汤米的进步，我们觉得未来的选项越来越多，未来也越来越光明了。

汤米换衣服、刷牙等生活自理技能也逐渐沿着发育阶梯追上来了。当他能分清印有大号动漫人物的套头衫的前后，并将双手伸进去时，我们就大声夸赞他："哇，你学会啦！"并和他击掌相庆。等他把头伸出来时，妈妈会"哇"地赞叹，并露出他最爱的笑容。汤米最早尝试学习刷牙时，在很长一段时间里都会非常不情愿地哭，而如今，他只要能自己将牙刷放进嘴里一会儿，妈妈就会鼓励他，并用带有他特别喜欢的卡通人物的牙刷来帮助他完成刷牙，刷牙结束后，汤米还可以获得防蛀牙的口香糖，这样安排的 ABA 干预流程，让汤米对刷牙的厌恶感消失了。汤米越来越乖，他愿意接受妈妈帮自己刷牙的时间也越来越长了。

吃饭时，我们有意地减少了盛给汤米的食物量，当汤米一口气吃光的时候，我们会热烈地表扬他："厉害啊！吃光啦！"这让汤米体会到在规定时间内吃完饭是很棒的事。有时候，汤米也会故态复发，只吃了一点就要跑，这时我们就会说"吃完了啊"，然后把碗拿走，并告诉他"下顿饭之前没有吃的"，我们会坚决地执行这件事。虽然有时我们也会不安，"汤米肚子饿了怎么办呀？"或者"汤米不会营养不良吧？"但是当我们看到汤米在下顿饭会集中精神把饭大口吃光时，我们的这种不安也就烟消云散了。

如厕训练我们也运用了 ABA 方法。汤米的小便技能学得相对比较顺利，但他只肯把大便拉在纸尿裤上，并且躲避厕所不肯去。为了能先让汤米能够较长时间地待在厕所里，我们在厕所里做了一些他特别喜欢的"蒸汽火车托马斯"的卡通人物装饰，包括在毛巾、地毯、马桶垫、拖鞋、日历等上面的装饰。然后，我们估摸着汤米快到排便时间了，就领他进入厕所，让他穿着纸尿裤坐在马桶上，一边看喜欢的 DVD 一边排便。某天，我偷偷地在汤米的纸尿裤上开了一道 5 厘米左右的口子，汤米穿着它坐在马桶上成功排便的时候，听到了大便掉进马桶的声音，他也吓了一跳，说"扑通"。从那天开始，他只要能坐在马桶上排便，就能得到冰激凌的奖励。纸尿裤的口子也越开越大，最后变成一个大洞，这穿和不穿就没什么不同了，我们不知道汤米是怎么看待这个大洞的，但不知什么时候开始，他可以什么也不穿地在马桶上坐着了。我们这下就有了信心，他可以完全不穿纸尿裤了，这时候他也就到该进幼儿园的时间了。

在汤米 4 岁 4 个月的时候，他的语言和沟通技能、学前的学业技能、自理技能等都提高了，行为咨询师表扬我们，"现在，只靠爸爸、妈妈，也能对汤米的行为进行有效干预，帮助汤米进步了"。至此，历时一年半的 ABA 行为干预机构的 EIBI 服务结束了。我们确信"靠自己也行"，因此，这时候我们毫无不安的感觉。

家长的变化

ABA 干预之后，不仅汤米发生了惊人的变化，我们作为家长也变了很多，我们对孩子的行为和发育情况也更加重视。当然，之前我们也是重视的，但是非常悲观。"汤米连这么简单的事都不会，人家孩子都能做到。这是为什么呀？这可怎么办呀？"像这样，我们会为了一点点小事就感到失望，到头来就只会指责汤米，指责自己。

但现在不同了。"汤米都学会这项技能啦！""汤米都能做出这样的行为啦！""汤米还不会这个，那么我们该怎么教他学会呢？"如今，我们就像这样，会把问题聚焦在目标行为上来思考。当然，汤米在未来的成长过程中还会出现很多的问题，但我们已经能够自信地说："那也没关系，会有办法的。"另外，汤米妈妈也已经好久不需要去精神科看诊了。

ABA 干预中感受到的困难

我们感到最困难的，就是刚开始干预时，因为日本的公立机构中 ABA 干预服务尚未普及，所以我们家长必须一上来就完全进入角色，"学习行为分析的理论知识""观察孩子的行为观察""进行功能分析""制订 IEP""做行为训练"，等等，还要加上"辛苦地养家糊口，带孩子生活"。我们自己要独立完成这些事情，真的是太累了，是完全撑不下来的。而且，在刚被告知孩子存在发育障碍的情况之下，我们也很难专心地学习 ABA 知识。每当我们看到书里写的案例，就感觉那完全写的是自己家的情况，就会感到非常难过，不由自主地合上书，无法继续看下去。幸运的是，就在最难熬的时候，我们得到了行为咨询师和训练师的帮助，他们一直不断地鼓励我们，让我们在焦躁中看到了希望的曙光。

刚开始进行 ABA 干预时，我们是瞒着汤米的爷爷奶奶的。因为在汤米 2 岁的例行体检被要求延期再做时，老人们听到这个消息就已经很震惊了，如果再知道我们开展了家庭密集干预，恐怕会受不了。但后来因为训练师经常到家里来，我们也因为外出学习 ABA 而变得很忙碌，所以最终还是瞒不下去了。某天我们终于下决心告诉了他们，结果他们给了我们全面的支持。其实，爷爷奶奶更惊讶于汤米的迅速进步，想知道究竟发生了什么。此后，爷爷奶奶每次来家里，都会对汤米说："小汤米，努力练习哦！"

关于日本对发育障碍儿童的干预情况

当初去那家疗育中心时，我们发现和我们有着同样遭遇的家庭出乎意料的多。虽然那时我们每周都会去一次，但是关于汤米的发育情况和行为问题该怎么改变，我们在家里该做些什么，怎样才能为汤米提供具体的支持，这些信息我们什么都没得到。虽然疗育中心也有所谓的"个人指导"，但那个指导实际上对我们用处不大，"早知道都是些无聊的废话，我们还不如拿这些时间在家里开展实际的 DTT 教学"，所以我们后来就果断终止了这些指导。"某些自称为'疗育专家'的人真应该多多学习"，我们的这个想法很强烈。我们很希望公立机构能够提高自己的干预服务质量，这样我们才好向其他家长拍着胸脯推荐这样的干预，更何况连我们做家长的，在得知自己的孩子存在障碍而自己尚处于混乱、崩溃中时，都能够找到"有效的干预"信息，找到"ABA"和"EIBI"等学习资料。

给汤米的话

　　两年前搬家那天的情景我们还历历在目，你想吃那家常去的商店的冰激凌，在家里大哭，妈妈只好一个人跑去店里买回来给你。你每天跑来跑去的公园，你每天站着看电车的道口，你每天都要去的面包店（因为那时你早上只吃那里的奶油面包）……开心的事，伤心的事，给你、给我们都留下许多，但我们还是怀着不安搬家了。搬家之后，我们在一起像过山车般度过了两年，爸爸妈妈特别害怕，害怕会被随时甩下来，于是我们拼命地抓"扶手"，抓了两年，现在，我们终于可以看到坐在身边的你面带笑容，与爸爸妈妈一起享受"坐过山车"的快乐了。

　　你喜欢为爸爸妈妈画画，爸爸妈妈也很开心。

　　"看啊！看啊！这是妈妈，这是爸爸，这是汤米。我把名字也写上了哦！"

　　从今往后，仍然是我们三个人一起"坐过山车"。我们希望你仍然是喜欢微笑的汤米。

实例 2 佑太，8 岁，男孩（孤独症谱系障碍）

1 岁 6 个月	体检时向儿童保健师咨询，被告知"没问题"。
3 岁 0 个月	体检时被告知"需要观察"。
4 岁 1 个月	上幼儿园。
4 岁 10 个月	在儿科被诊断为"孤独症谱系障碍"。 发育检查［日本儿童发育评估（K 版）］DQ（发育商）79 分
5 岁 1 个月	语言听力康复师开始言语治疗。
5 岁 2 个月	家长开始了解并学习 ABA。
5 岁 4 个月	开始 ABA 家庭干预。
5 岁 6 个月	行为咨询师提供行为干预服务。
8 岁 1 个月	上小学 2 年级，继续家庭干预。

这孩子有些不一样？

- **1 岁时**

佑太 1 岁的时候，佑太妈妈在公园或超市遇到和佑太差不多年龄的孩子时，总感觉有些异样，"人家的孩子看起来和我家佑太很不一样啊，还是应该说，我家佑太不一样？"当妈妈喊"佑太，过来"时，他根本没有过来的意思。妈妈给他买了相应年龄段的玩具时，他完全不感兴趣。佑太更喜欢小石头和水，只要一有机会，他就会独自长时间地玩水，或者把小石头叮叮当当地往地上扔来扔去，乐此不疲。

佑太是一个很喜欢笑的孩子，因此我这个做爸爸的和爷爷奶奶对这些情况一点也不在意，"男孩子嘛，就是这样，叫他也不会过来的"，但佑太妈妈还是总觉得"佑太有点奇怪啊"。

- **1 岁半的例行体检**

儿童保健所通知我们要给佑太做例行的 1 岁半体检，于是佑太妈妈带着佑太去体检。因为佑太经常有拉着妈妈的手去拿东西的"吊车"行为，而且不会用手指向目标物，所以佑太妈妈就此向儿童保健师做了咨询，但儿童保健师并不在意，说"这是孩子的个性，这不也可以看作是一种指物吗？"在体检现场，同龄的孩子们虽然都很小，但已经能聚在一起有互动地玩耍了，而佑太则对其他小朋友毫无兴趣。"这孩子没有和其他孩子一起玩的欲望"，佑太妈妈对佑太的这种状态经常叹气，但是儿童保健师对此仍然说"没关系啊"。佑太妈妈虽然心存疑虑，但还是听了儿童保健师的话放下了心，就那么回家了。

后来到3岁体检时为止，佑太在家里还是和之前一样，但是只有佑太妈妈一个人特别努力。她通过查母子手册和育儿杂志来了解孩子一般的发育情况，然后用绘本和实物教佑太学习物品名称及其他知识，努力让佑太跟上发育进度。她还积极地带佑太参加音乐培训班及其他幼儿培训班、地区的亲子班等，但佑太还是对其他孩子毫无兴趣，说话方面也进步缓慢，对提问的回应就像鹦鹉学舌一样只是重复问题，佑太妈妈一直觉得他是"好难教的孩子啊"。

- 3 岁的体检

佑太在3岁时再一次做了例行体检。这一次，佑太妈妈执着地向儿童保健师诉说了佑太种种令人担心的行为表现（鹦鹉学舌，语言发展很慢，不玩这个年龄段的玩具，不跟同龄孩子一起玩，特别喜欢玩水和扔小石子，一个人玩很久，等等），可是儿童保健师仍然说："男孩子嘛，又是独生子，这样的孩子很多，你如果实在放不下心，可以半年后给这里打电话。"然后他在检查报告上盖了一个"需观察"的章。佑太妈妈问儿童保健师："我是不是应该做些什么？"得到的建议只是"最好把孩子早点放到集体里去"，其他的，像关于"日常生活中该怎么做""将来具体会怎样"等信息，一点也没得到。

- 与同龄孩子的互动

此时佑太妈妈还没有想到佑太存在发育障碍，也未曾想过带他去接受医生的检查和诊断。总之，她准备按照儿童保健师的建议，先把佑太送进集体中去，希望他能逐渐地适应。于是，她决定送佑太上幼儿园，但当时佑太还不到上幼儿园的年龄，她就每天带着佑太去附近的公园，满怀希望他能够融入孩子堆。正好小健一家住在附近，他们和佑太妈妈的关系很好，小健与佑太同岁，于是佑太妈妈就跟小健母子约好每天一起玩耍。

然而，玩了一段时间之后，佑太妈妈发现自己的努力还是白费了，佑太对其他孩子及其玩的东西都不感兴趣，他只是一个人一直默默地在公园里玩儿。佑太唯一与其他孩子的接触，就是当他看见旁边有与自己身材差不多的孩子时，他会靠近并推搡那个孩子。这个行为让佑太妈妈很头疼。小健一开始也经常被佑太"咚"的一声推倒，佑太妈妈见到了总会大声训斥佑太："不能推人！"然后"啪"地打佑太的手。这样的措施好像有点儿用，他推小朋友的行为后来慢慢减少了一些。

在佑太妈妈的努力下，佑太到了3岁半时终于可以与其他孩子靠得近一些了，语言也多一些了，佑太妈妈总算放心了。正好在这个时候，儿童保健师按时间约定打来了随访咨询电话。儿童保健师像往常一样，敬业地对佑太的发育情况进行了跟踪询问，但是这时候的佑太妈妈由于对孩子最近的表现已经放心了，所以就在电话里回答："孩子长大了，我看着好像没什么问题了。"于是，对佑太"需观察"的反馈就算是结束了。

在幼儿园的集体生活

佑太4岁时上了家附近的幼儿园。入园面试的时候，佑太妈妈向园长告知了一些关于佑太成长过程中的曾经令人在意的事，园长听了之后说："真是个有趣的孩子。因为他是独生子，所以发育会慢一点儿。"并没有在意。幼儿园里有各种各样的玩具和活动，可是入园6个月之后，佑太还是一成不变地只对水有兴趣，玩水玩得非常着迷。当然，其他孩子也有和他一起玩水的，但当老师说"不能玩水"的时候，其他孩子都能马上停下来转去玩别的东西，只有佑太依然继续玩个不停。在入园之前已经消失了的"推小朋友"的行为，也再次出现了，而且越来越激烈，终于有一天，被佑太推倒的小朋友的妈妈去幼儿园告状了。

园长与佑太妈妈做了面谈，鉴于佑太"对水的着迷"和"推小朋友"等一些很让人在意的表现，园长建议佑太妈妈带佑太去看一看儿童专科医生。

被诊断为孤独症谱系障碍带来的冲击
- 得知诊断结果和妈妈的抑郁

在园长的建议下，佑太妈妈带着佑太去看了儿童发育专科医生。在诊所里，临床心理师与佑太玩了1小时左右，并给佑太做了日本儿童发育评估。随后，医生和临床心理师与佑太妈妈坐在一起，他们告诉佑太妈妈，佑太被诊断为"孤独症谱系障碍"。佑太当时的发育评估结果是DQ 79分，临床心理师告诉佑太妈妈，"佑太的发育水平在临界线，所有的能力都落后一些，但语言能力尚可，也有模仿能力，好好干预的话，进步的可能性很大"。但是，佑太妈妈在听到医生说的那句"孩子存在发育障碍"时，就已经不知所措了，后面几乎听不进任何信息，连提问题的力气都没有了，最后她连自己是怎么带佑太回的家，都记不起来了。

佑太妈妈一下子没了精神，以往她每天带佑太去公园玩，或者在家里玩，现在根本没了力气。她整天迷迷糊糊的，哭累了就睡一会儿，睡醒了接着哭，连简单的家务都无法做了，陷入了一种抑郁状态。

● 唯一的好的转变

事情虽然变成了这样，但是我们家里还是发生了当时唯一的好的转变，那就是之前一直认为"男孩儿就是这样"的我和佑太的爷爷奶奶，转变了不在意的态度，"这可麻烦了"，开始重视起佑太的问题。我提早了每天回家的时间，经常代替佑太妈妈和佑太玩耍。佑太爷爷也来到了我们家，作为帮手从早到晚协助佑太妈妈照顾佑太的日常生活。

● 发脾气是因为"压力大"？

不久，诊所寄来了佑太的评估检查报告，也给了简单的应对指导意见。可报告上的指导意见只写着"不要给孩子压力，要'小心'地养育"，"日常生活中要注意不要让孩子发脾气"，可是，具体该怎样跟孩子打交道，报告上并没有给出任何建议。但是这些话，对于当时还不知道该怎么与孩子互动的佑太妈妈来说，已经很有用了。不过同时，佑太妈妈又开始反思，"真的是我给佑太过多压力了吗？"她在读这份报告时流下了泪，开始怀疑自己的养育方式有问题。

在知道 ABA 之前

陷入抑郁状态的佑太妈妈向负责佑太的临床心理师诉说了自己的不安情绪之后，慢慢地打起了精神。虽然医生说佑太不需要什么特殊训练，但佑太妈妈总是觉得"什么也不做的话，这孩子怎么能好起来呢？"于是，她鼓起勇气坚持向诊所提出"我的孩子需要训练"。

这一年的 4 月，佑太升入了幼儿园中班，临床心理师介绍了一位言语治疗师，佑太开始了言语治疗。在诊所每周 1 次、每次 1 小时的训练中，佑太坐在椅子上，与言语治疗师一起学习语言、玩玩具等。言语治疗师认为，佑太已经掌握各种词汇的发音，所以他已无法再对佑太做进一步的言语治疗了。佑太妈妈有点失望，也感到困惑。佑太对玩儿还是毫无兴趣，佑太妈妈期待着言语治疗互动训练能够对他有所帮助，因此她依然坚持着带佑太去诊所进行训练。

佑太妈妈向幼儿园报告了诊所的诊断结果，幼儿园的老师向她推荐了"拥抱疗法"，于是，不管发生什么，就算佑太很不乐意，老师也会将佑太搂入怀里紧紧拥抱。做礼拜时，佑太无法长时间安坐，进而会发脾气，老师就让佑太在校园里跑，老师把这当作一种减轻佑太压力的方法。幼儿园还专门加配了跟着佑太的老师，每当佑太靠近水时，老师就去拦阻，这样，他玩水的行为逐渐减少了。佑太妈妈开始通过每天的联系沟通本与加配的老师交流情况，她感觉轻松了一些，但是她的疑虑和不安仍然存在。"就这样与佑太互动就够了吗？""这样下去，佑太就会好起来吗？""减轻压力，好像还不错，但是不是也该做一些忍耐的练习呢？"……

5月的一天，佑太奶奶在报纸上看到了"发育障碍儿童的ABA干预法"，于是全家人花了2个月的时间了解了ABA究竟是什么。

开始了ABA干预的DTT训练

从报纸上得知了ABA的相关信息之后，我们买来了两本行为分析学入门的专业书［行动分析学入门（产业图书），はじめての応用行动分析（二瓶社）］。我们每天晚上学习，想从中知道这个方法对佑太是否有效。在学习2个月之后，我们得知在离家稍远的地方将会有一个ABA培训班。因为我做的是理工类的工作，平日里把数据和科学依据看得非常重要，所以我决定先去参加这个培训班。在那里我学习了DTT（回合式教学，参考第49页的相关内容）模式的早期密集行为干预法。

● 开展DTT训练之后的进步

回家后，我将学习到的DTT技术教给了佑太妈妈，于是她利用暑假对佑太开展了密集的DTT训练。只过了2个月，佑太就掌握了很多基础技能，包括之前他很难学会的复杂语言和生活自理技能。佑太以前不能长时间安坐在椅子上，而现在，也许是这种节奏感很好的学习模式及大量表扬起了作用，他可以很乖巧地坐很久，他学会了"忍耐"。

佑太在遵从方面的表现也改善了，当妈妈说"坐下"时，他能马上坐好，他的注意力也能持续更长的时间了，以前他常动不动就说"不"的抗拒反应也减少了。我们非常高兴，"原来改变教学方法，就能很快让孩子取得进步啊"。

当时，我们对佑太常用的强化物是零食（薯片、糖、果汁），但他容易腻烦，后来就变成了玩耍活动、肥皂泡及有声音的玩具。

- **开展 DTT 训练后未能取得进步的地方**

通过佑太妈妈的 DTT 训练，佑太的语言技能、自理技能和认知技能，都得到了很快的提高，但是他与人交往、一起游戏、对话互动等能力，也就是社交沟通方面的技能，还是没有太多的进步。当时的佑太几乎没有什么社会技能（与同伴一起玩，参与互动游戏），他只是与人在一起时表现得好像挺高兴的样子，可除此之外，在与人主动开展互动方面，我们几乎看不出他一点进步的迹象。佑太也很欠缺玩耍技能，他很难持续地玩一个游戏。而且，他的语言在应用时还很不充足，生气时他仍然经常一边用手脚拍地，一边"啊，啊"地大叫，或者不停地用固定的语句喊叫，"做了××之后就会×××""先做×× 再做×××"，他对事物和事件似乎还难以做出系统的计划和思考。佑太妈妈总害怕佑太什么时候会做出什么奇怪的事，因此也不愿意带他外出。佑太妈妈觉得，她似乎很难通过早期密集形式的 DTT 训练教会佑太这些社会性的沟通技能，她也不清楚要进一步提高佑太的能力还应该教些什么内容，渐渐地她有一种走进了死胡同的感觉。

接触到综合行为教育服务，开始了 PRT 训练

该怎么培养孩子的社会性，这是当时我们作为家长的烦恼。正好那时我们去参加了一个 ABA 的培训班，主题是 PRT（关键反应训练法，参考第 50 页的相关内容）。随着学习的进行，我们兴奋起来，感觉这就是我们一直在找的东西，于是，我们马上邀请行为咨询师（参考第 53 页的相关内容）来家里进行咨询。行为咨询师来到我们家，与佑太玩了 2 小时左右。在玩的过程中，他对佑太的不足表现、需要提高的具体能力，以及想要顺利沟通所需的基础技能，逐一观察并做了记录。

- **PRT 训练的开始**

随后，我们开始对佑太执行行为咨询师制订的重点提高社交沟通技能的 ABA 干预方案，每周 1 次，每次 2 小时。这种由专家直接训练的时间每周只有 2 小时，其余时间需要我们家长自己开展同样方式的训练，行为咨询师告诉我们做哪些内容，我们就全部照办。比如，行为咨询师给出"游戏清单"，让佑太从中自主选择喜欢的游戏，这样我们就可以更为顺利地引导佑太玩游戏。行为咨询师还设定了每种游戏只玩 1 次的规则，这样佑太就可以从不同游戏中体验不同的玩法规则。另外，行为咨询师还让我们在"如何应对不同问题场景"的模拟游戏中，进行"这种时候应该怎么办？"的练习，我们和佑太一起练习，这个游戏培养了佑太了解事件流程及因果关系的技能。

除了游戏场景，在日常生活中，我们也争取提供给佑太更多的自主选择机会，比如，将佑太特别喜欢的玩具放在他够不到的架子上，增加佑太可选果汁的种类，等等。我们给出提示，引导佑太去沟通。以前，我们以为只有DTT是ABA干预，这个时候我们才明白，其实ABA干预完全可以贯穿在日常生活中。

当然，我们也不是从此不再继续开展DTT训练了，DTT能够在较短的时间内针对某些内容进行密集教学，效率很高，所以，我们将佑太擅长的与不擅长的技能进行了划分，将PRT和DTT训练按需分配，组合在一起使用。

之后的努力

除了DTT，我们还通过PRT训练，在日常生活中运用ABA技术来与佑太相处，以前曾经动摇的心也安定下来了。除了经常来家里玩的小健，佑太还结交了另外几个小朋友，佑太需要运用社会技能的场景增加了。我们还会不时地恳请其他小朋友的家长帮助佑太体验到"大家一起玩儿非常开心啊"。慢慢地，佑太跟随小朋友的玩法一起参与游戏的表现越来越好了。

有一次，幼儿园的老师惊喜地告诉佑太妈妈，"佑太真的变了！"之前那位主张使用"拥抱"和"减压"方法的老师，两眼放光地向佑太妈妈报告佑太的变化。佑太妈妈非常高兴，简要介绍了"为什么佑太会有变化"，以及ABA干预的一些情况。老师对此似乎很感兴趣，佑太妈妈更加高兴，就把与佑太相处的一些关键点写了下来，交给了老师，老师选用了其中的一些方法，于是佑太在幼儿园也有了与在家时同样的干预。

当然，干预也会有失败。幼儿园老师的变化让我们太过高兴，于是我们给幼儿园提出了太多的建议，结果老师的处理方式却渐渐地回到了原来的样子。这有可能是因为"幼儿园不愿意有太多麻烦的额外工作，而且这种干预并不是能够立竿见影的"。

PRT带来的变化

以前佑太无论玩什么都会很快就厌烦了，像在幼儿园做礼拜这类活动，佑太是无法忍受的，但是通过PRT训练，他开始有了忍耐力和持续力。佑太之前那种一旦不好玩或者不喜欢了就马上放弃的情况，现在少多了。我们觉得佑太已经懂得了处事的一些基本道理或规则，"每个人活着就会遇到一些不得不做的事情、需要忍耐的事情，以及有各种限制的事情"。佑太和佑太妈妈如今都不再觉得那些是沉重的生活压力了。

另外，佑太以前对小朋友毫无兴趣，只会自己玩，就算有家长陪着，他与小朋友也玩不久。而现在他似乎有了跟随小朋友一起玩的欲望和兴趣，表现出"与小朋友一起玩很开心"的样子。再后来，也就是当前的小学二年级的班主任老师并没有对佑太特殊对待，而是像对待普通孩子一样，老师对我们说"佑太和普通孩子没什么两样"。当然，佑太仍然有沟通不顺畅的时候，但他能和大家一起上课，课间休息时能与同学们一起在操场上踢球或做闪避球的游戏。

养育佑太的过程中最高兴和最难过的事

佑太在小学二年级时音乐会上的表现，让我们觉得我们所有的辛苦都得到了回报。佑太在班会上选择了自己喜欢的乐器，并通过选拔获得了上台演奏的机会。在舞台上，他一直盯着前面的指挥，极其认真地完成了演奏。为了让佑太有信心，我们在家里帮助他努力练习，他自己也非常积极地参加了学校里的练习。他这不只是为了热闹好玩，而是有了"我是集体演奏中的一员"的觉悟，所以他才能够拼命地练习。我们从老师那里了解到了佑太的刻苦，随后在舞台上看到了他的努力成果，这一切让我们忍不住热泪盈眶，"太好了，我们的孩子真的成长了"。

佑太在学校里与同学约定好放学之后再一起玩，放学回家之后，他果然能够按照约定去找同学玩了，佑太这样的变化太令人惊喜了。如今，佑太可以很好地邀请同学一起玩，也能很好地应对别人的邀请了。现在，如果妈妈说"好累啊"，佑太就会看看妈妈的面色，问妈妈"怎么啦？"当佑太看见亲戚家里比自己小的孩子时，佑太会化身为"温柔的大哥哥"，问"我应该为他做点什么？"以前连互动沟通都不行的佑太，不知从什么时候开始，会看妈妈的状态，也会替比自己小的孩子着想了。佑太在家里与我和妈妈、爷爷、奶奶的对话也越来越欢乐了。

整个过程中我们最难过的，莫过于拿到发育障碍诊断报告的那一刻，那时佑太妈妈哭个不停。而佑太看见妈妈哭，也不知道该做什么，当时他只是把柜子里的衣服全部掏了出来，像搭积木一样堆叠在一起，那时佑太还不会说"妈妈看"，只会向着妈妈露出一个笑容。当时大家看见了，都觉得"这孩子真是奇奇怪怪呀"，佑太妈妈处于抑郁状态，家里人也惊住了，谁都没了主意。佑太那时的古怪笑容，如今回想起来，我们心中还会隐隐作痛。

家里人的变化

佑太奶奶第一次看见 DTT 的教学操作时，说"这像训狗啊，佑太太可怜了"，但现在她再也不会这么说了，因为她知道这是最适合佑太的教学方法，而且她也看到了这种方法非常有效。以前，佑太想要零食时就会发脾气，会反反复复执拗地索要物品或玩具，这时爷爷奶奶就会马上抱他，或者给他好吃的，但是现在他们会说"不行就是不行"，并坚决贯彻到底。而当佑太做得好的时候，爷爷奶奶就会夸张地表扬他，他们知道这一切对佑太来说，都是非常必要的。

我们夫妻的关系也很好，我们经常一起学习有关 ABA 的书籍，一起讨论商量"应该这么做，还是应该那么做"。为了佑太的进步，我们也吵过很多架，但吵架的内容都是很有用的，至今我们仍然认为那些争吵很有必要，为我们带来了益处。

佑太妈妈在得到诊断之初，觉得佑太蹲来蹲去的样子"很丢脸"，感觉"这孩子将来也不会长大了"，"虽然没法放任不管，但也没有出路"。而如今，佑太妈妈对佑太的未来充满了希望，尽管仍有不安，但已经知道该如何努力了。

从现在开始

目前佑太仍然难以读懂"社会生活的场景气氛"。他现在还只是低年级小学生，与其他男孩子的差距并不大，可当他成年后进入社会时会怎样与人沟通呢？对此我们依然很担心。他是否会被骗，是否会交上坏朋友，我们做父母的经常会担心这些。

佑太自身仍存在一些问题，比如不理解言外之意，不会识别他人友善与否，不知该如何拒绝自己讨厌不想做的事情，不知该如何表达自己的主张，这些行为技能都是佑太需要继续学习的。

对于社会环境，我们也有期望。我们希望，不懂人情世故的人不会被非难，这个社会能更宽容地接受他们，能够把不懂人情世故看作是一种个性。我们希望善良的人越来越多。

关于日本对发育障碍儿童的干预情况

对于目前日本对障碍儿童的干预情况，说实话，我们感觉"做得真好"的地方不多。当然，智力不落后的发育障碍孩子可以在普通学校接受同样的教育，我们对这一点非常感激，佑太也因此而有机会在普通孩子中间，在真实的集体环境下，学习社会沟通技能。

我们特别希望看到的改变是，当家长在幼儿体检时诉说不安，以及当孩子被诊断为发育障碍时，专业人员不应只是对家长说"这孩子没救了，放弃吧"，而应该充分地帮助家长保留"对未来的期望"，比如，告诉家长"孩子今后有可能变得如何""家长应该具体去做些什么"等这样的信息。我们一家在当初遇到相关的专业人员时，他们基本上都只告诉我们"等孩子自己成长吧。反正再怎么努力，这个障碍也治不好……"佑太从幼儿园毕业那一天，园长讲的话让我们至今难忘，"为什么要让佑太那么辛苦呢？他太可怜了。这也不是靠父母努力了就能治好的发育障碍"。我们当时听了感觉又难过又郁闷，园长的话至今仍在耳边回响。我们真心希望对孩子的教育有很大影响的一线专业人员，能够摒弃一些观点，改变"发育障碍＝没治了＝努力也是白费"的错误认识。发育障碍能治是指什么，没治了又是指什么？就算存在发育障碍的孩子也一定能够成长和有变化，我们希望他们能重新思考这一点。因为，我们家佑太就是通过科学的 ABA 干预改变了这么多。

给佑太的话

直到现在，爸爸妈妈一直都在努力地坚持干预。佑太，你也很努力，取得了这么大的进步。爸爸妈妈希望你将来也能"过自己的生活"。未来，你还会遇到各种各样的事，我们大家一起努力吧！美好的事情还有很多很多！好期待啊！

实例 3　小庆，8岁，男孩（孤独症谱系障碍）

1岁6个月	例行儿童发育体检时，被告知存在发育落后。 婴幼儿发育科提示可能患有孤独症。
2岁0个月	接受音乐疗法、游戏疗法治疗，语言听力治疗（在家里没有训练）。
3岁0个月	进入 A 幼儿园。 开始 ABA 干预（每天约30分钟）。
3岁2个月	发育检查 [日本儿童发育评估（K版）] DQ（发育商）52分。 在家里的训练时间（15～20小时/周）。 开始药物治疗。
3岁8个月	从 A 幼儿园退出。 训练师进入家里开展干预（约30小时/周）。
4岁0个月	进入 B 幼儿园。
4岁10个月	发育检查 [日本儿童发育评估（K版）] DQ（发育商）86分。
4岁11个月	从 B 幼儿园毕业。
5岁0个月	开始家庭密集干预（约30小时/周）。 另外参加了课外补习班/幼儿培训班/游泳培训班。
6岁0个月	进入 C 幼儿园，妈妈担任影子老师（每天）。
6岁5个月	发育检查 [韦氏智力发育评估（WISC-III）] IQ（智商）82分。
6岁7个月	开展同伴训练（持续了3～4个月）。
6岁11个月	从 C 幼儿园毕业。
7岁0个月	进入 D 小学，妈妈担任影子老师（每天）。 行为训练师指导的 ABA 干预结束。
7岁5个月	转学至 E 小学，行为训练师和妈妈担任影子老师（每天）。
8岁0个月	升入 E 小学 2 年级。 行为训练师担任影子老师（每周1天）。 妈妈担任影子老师（每周3～4天）。 家庭 ABA 干预（平时每天约2小时，周末每天约4小时）。 音乐班（每周1次）/游泳班（每周1次）。 药物疗法。

最初怀疑孩子存在发育障碍时的情况

在小庆 1 岁半时的例行体检中，儿童保健师发现小庆存在发育落后，建议我们带孩子去向保健所的婴幼儿发育科咨询（由儿科医生进行检查及诊断）。于是，几天后我们带着小庆去了保健所的婴幼儿发育科，医生看了小庆的状态之后，似乎想要说些什么，但却犹豫不决。我们见状就追问医生"孩子是不是存在发育障碍"，结果医生说"可能是孤独症"。

当时我们对"孤独症"一点不了解，回家之后我们马上在网上查询、搜集相关信息（症状及行为特征等），然后对照着小庆的表现进行比较。

> **1 岁半～ 3 岁时小庆的表现**
>
> - 基本无语言。
> - 基本无对视。
> - 不玩玩具。
> - 爱转玩具车的轮子。
> - 不看绘本的内容，只是啪啦啪啦地翻书。
> - 喜欢在沙坑里抓起沙子，再松开手让沙子落下。
> - 在公园里总是突然跑出去，总想离开公园。
> - 追逐鸽子或麻雀时能一直不停地追下去。

我们将小庆的行为表现与孤独症的特征进行对比，发现"这孩子肯定是孤独症"。确认了孩子存在这种发育障碍之后，我们止不住地心痛。网上的资料告诉我们"孤独症是不可能被治好的"，那么以后该怎么办，这孩子该怎么养育，我们一点主意都没有，我们落泪了，感觉像是被打入了地狱。

不过，我们的消沉期很短，"不管怎样，都要做些什么"。我们打起精神，开始在网上收集关于孤独症的相关信息。然而，仅凭一时的冲动去收集信息，虽然本身是好事，但是看到的资料越多，就越发现干预方法千差万别，铺天盖地的信息让我们无所适从。到底该怎么做，哪个方法有效，我们反而越查越糊涂。当时我们也查到了 ABA 干预技术的信息，但它被淹没在茫茫的资料当中了，我们只知道它是众多的干预方法之一，并没有特别留意。

按说从最初的医学诊断开始，我们就可以依靠政府部门的婴幼儿发育科医生给出的建议来开展干预了，可是那里什么建议都没给，我们做父母的只好自己去寻找其他的公立医疗机构，可是去了之后那里也没给出明确的诊断，我们一直担心着孩子的发育障碍，却没有人为我们提供确切的信息，就这样，我们白白浪费掉一年半的时间（从小庆 1 岁半时的体检那天到开始 ABA 干预之日）。

小庆的爷爷奶奶一开始也和我们一样消沉，但后来他们通过看有关孤独症的书籍和电视节目了解到了一些相关知识，对开展干预这件事他们给出了明确的支持态度。这对我们做父母的来说是值得感激的，因为这是我们在当时毫无外援的情况下来自家庭内部的正能量。

确诊的时候

虽然小庆在 1 岁半时就被告知"可能是孤独症"，但正式的诊断却是在他 3 岁时做了发育评估测试［日本儿童发育评估（K 版）］之后给出的。然而，我们拿到的报告里只写了一句话，"孤独症，中度"。

给出诊断的医生与我们的对话大致如下。

妈妈："以后我们该怎么办呢？"
医生："这个，怎么说呢？"
妈妈："有没有什么可以参考的东西？"
医生："看点孤独症方面的书吧。"

这样的对话简直毫无意义。

在此之前的 1 年半时间里，我们尝试过各式各样的号称不错的干预方法，期待着孩子的变化，但是，不管我们花了多少时间精力，小庆身上却连变化的影子都没有。有一次，我们在开展某种干预的公立医院里，向临床心理师询问："我们想开始 ABA 干预，可以吗？"对方却回答道："那个是喂养和训练动物的方法，不推荐。"这当时让我们觉得有点不好意思。

开始 ABA 干预的原因，以及孩子令人担忧的行为

我们试过好多种方法，最后决定选择最具有科学依据的有效方法——ABA 干预。在小庆 3 岁的时候，我们阅读了关于 ABA 方面的书籍，参加了 ABA 讲座，开始认真学习 ABA 的相关知识。

在刚开展 ABA 干预时，小庆一如既往痴迷于会转的东西，如排气扇和空调室外机风扇、汽车轮子等，他都会一动不动盯着看。外出时他只要看见这些会转的东西，他的注意力马上就会被吸引过去，这时他对其他事务就会毫无心思，根本不会再听我们说话了。小庆对鸟类（鸟飞起来的样子）也有特别的兴趣，只要在路上看见鸽子或麻雀，他就会突然甩开大人的手，径直朝它们跑过去，这个行为也让我们特别头疼。

小庆当时几乎没有有意义的语言，很少与我们目光接触。他 3 岁时的自理技能就只有拿着勺子自己吃饭，他大小便依然离不开纸尿裤，换衣服和洗澡需要我们的全力帮忙。刷牙由我们帮他拿着牙刷，把牙刷放进他的嘴里，他只是咬咬而已。

ABA 干预的初级训练：3 岁 3 个月～4 岁的教学计划和进展

我们在小庆 3 岁 3 个月时开始了以 DTT（回合式教学，参考第 49 页的相关内容）为重点的家庭干预训练。刚开始时，每天只训练 30 分钟，等到小庆和我们都对教学流程熟练了一些之后，我们逐渐延长了训练的时间。半年后，在他 3 岁 9 个月时，我们每天可以开展 4 个小时的家庭 ABA 干预了。

通过这些 ABA 干预，小庆在认知和语言方面发展得特别显著，能够说 2 个词组成的短句需求语了，比如"吃橘子"。看到语言很少的小庆如今能说出 2 个词的短句了，我们也稍微松了口气。我们之前尝试的种种疗法，都没有让我们看到效果，就在我们不知所措的时候，ABA 干预让小庆取得了有目共睹的进步，这让我们坚定了今后的干预方向。

刚开展 DTT 训练时，我们按照下面的表格，对小庆执行了个别化教育计划（IEP）。我们制作了核查表，每天都做好记录。为了保证每天 ABA 干预的成果，我们下了很多功夫。

小庆初期干预的 IEP（节选）

目标任务	具体技能
动作模仿	和对方做一样的动作，如拍手、举高双手、搭积木等
语言指令	听从指令，"摸头""拍手""摸屁股""转圈"
配对	把水果和蔬菜的模拟玩具与对应图片放一起
对好坏的理解（用 5W2H 法[①]）	借用提示卡片和绘本问"在干吗"，让孩子回答
运动技能	在公园或家里玩游戏，如玩秋千、滑滑梯
游戏技能	在公园抓昆虫、捡橡子
学龄前学业	涂色、用铅笔写字、画画

当然，我们在现实的干预过程中会有很多碰壁的时候，有时也会产生各种疑

---

① 编注：5W2H 法，参考第 25 页的相关内容。

问。最具代表性的就是小庆的沟通技能，他刚开始训练时这方面的进步非常小，虽然DTT训练之后，他对语言的接受能力开始有了进步，但沟通表达一直都不会。小庆也能够回应家长的话，但那只是单方面的断断续续的应答，根本无法持续，更不用说像其他小朋友那样一起玩模拟游戏了，他也完全不可能参与任何对话。我们也曾经想强行要求小庆参与一些有规则的游戏（排顺序和有胜负的游戏，如石头剪刀布），但他总是在进行到一半时就出现各种走神、晃手、玩沙子等自我刺激的行为，根本没法参与进来。我们也买了很多玩具，但是不管什么玩具，他都只是在地板上转着玩。外出时他只会追逐鸽子、麻雀和玩沙子。

还有一个让我们担心的事。在 DTT 训练中，小庆可以很认真地学习发音模仿、动作模仿和配对等，但是我们应该如何将这些内容连接起来，并在日常生活中帮助小庆改善行为呢？对此我们还没有整体规划和具体措施，也就是说，我们还没有考虑中长期的发育教学计划。

ABA 干预的中期训练：4 岁 9 个月 ~ 7 岁 6 个月的教学计划

虽然我们开始了 ABA 干预，但前面说的那些问题和疑虑仍然存在，因此，我们聘请了行为咨询师来家服务。行为咨询师实际观察并分析了小庆的行为表现，同时参考我们提供的信息，最后为我们制订了符合小庆当前能力的 IEP，包括语言、沟通、游戏、社交、自理等多方面的技能教学计划，修正了之前干预中出现问题的目标方向（参考下表）。我们以这份 IEP 为基础，导入了社会沟通技能的训练内容，开始了中长期教学目标的 ABA 干预。

行为咨询师制订的中期干预 IEP（节选）

目标任务	具体技能
语言沟通	4 个词的短句需求语："我渴了，要喝果汁"等 3 个词的短句感想语："天好蓝，真漂亮"等
游戏	使用玩具的模拟游戏、棋盘游戏、扑克牌等 （使用骰子等会转的东西来提高兴趣）
社会交往	目光接触：先看人之后再获得东西等 增加按顺序进行的项目次数：用喜欢的游戏 影子老师在学校提供现场支持，学习适当行为
自理	刷牙
遵从配合（听指挥）	遵从多重要素的指令

续表

目标任务	具体技能
运动技能	玩单杠，跳绳，扔球，骑自行车，踩高跷，游泳
学龄前学业	涂色，剪纸，折纸
家长培训	PRT 的学习与实践，任务分解等

行为咨询师来家开始行为训练，这给之前拼命努力的我们减轻了很多不安和负担。以往的那些疑惑，比如，"我们应该如何连接起各项学习内容，并在日常生活中帮助小庆改善行为呢？""小庆将会如何继续成长呢？"这些都得到了解答，也就是说，我们能对今后孩子的行为发展做出展望了。

小庆刚进幼儿园时，我们聘请行为咨询师来家训练的时间很多，这也帮了我们的大忙，后来我们自己也逐渐有了自信，所以行为咨询师承担的家庭干预支持慢慢地少了，如今小庆上小学了，我们家长自己成为主要力量，继续坚持着每天 2 小时的家庭干预训练。

ABA 干预的中期训练进展

● 社会沟通技能的变化

针对小庆在社会沟通方面极其落后的问题，我们跟着行为咨询师学习了 PRT（关键行为训练法：参考第 50 页的相关内容），并应用在日常生活中。PRT 实战很难，我们读了相关书籍，参加了培训班，一边尝试一边坚持。我们还邀请与小庆同龄的小朋友来家里玩，进行了同伴训练（参考第 54 页的相关内容）。

刚开始时，小庆不会玩游戏，也不会和人对话，我们试了几个游戏，希望帮助他学会正确的互动方式。小庆喜欢数字和旋转的东西，于是我们利用这些特点，引导他玩扑克牌和迷宫棋（掷骰子）。只要是数字小庆就喜欢，所以他很快就迷上了一种百位数的计算游戏，就这样，他掌握了游戏规则，能够和小朋友轮流玩儿了。

外出游玩时，小庆追逐的对象也从鸽子、麻雀逐渐变成了皮球、其他小朋友和我们，他渐渐地学会了玩捉人游戏和踢足球了。玩捉人游戏时，我们先像捉迷藏那样躲在树后面探头探脑，让小庆发现"那边好像有什么啊"，如果他走过来，我们就再躲到另一棵树后面，以此类推，渐渐地发展为标准的捉人游戏了。练习踢足球时，由于小庆本来就对旋转的东西感兴趣，所以球一滚，他就会马上去追，他对球滚动时的花纹变化似乎也很感兴趣。他喜欢上足球的花纹，看到我们互相踢来踢去时，马上就表现出浓厚的兴趣。当时他还只是喜欢看别人踢球时球的滚动，还没发展到真正的踢足球（抢球、射门），不过也能够和我们一起追球和传球了。

随着小庆学会了追人和传球，我们开始增加他的沟通性游戏的练习了。通过学习，他在逃跑时学会了喊"呀！"踢球时能学着其他小朋友喊"嘿！"

在小学 1 年级的第 2 学期，小庆转学了，同时开始接受正式的学校影子老师（参考第 52 页的相关内容）的支持服务。我们或者行为咨询师会和小庆一起去学校，现场引导他的社交行为，小庆的朋友渐渐增多了。班主任老师也预先做了工作，所以同学们都很照顾小庆，好几个同学会来家与小庆一起玩游戏。与那些很会玩游戏的小朋友在一起玩耍，他们过了一关又一关，小庆逐渐能够对"做成一件事，成功完成一件任务"表现出喜悦了，"太好啦！""成功啦！"这类语言也增加了。

●自理技能及运动技能的进展

在学业方面，小庆在幼儿园就会背九九乘法表，并学了除法，小庆的计算能力比同龄孩子强了很多。不过，我们认为小庆的最大进步是，他通过 DTT 训练可以长时间在椅子上安坐了。在运动方面，我们在家里准备了室内单杠，小庆通过每天一点一点的练习，在幼儿园时就掌握了吊杠后翻的动作，小学 1 年级时，他学会了手撑单杠做杠上后翻转，他现在的单杠技能仍然是全班水平最高的。

为了让小庆能够习惯外出就餐时遇到的各种食物，我们经常带他去自助餐厅，从一盘、两盘，逐渐增加食量，各种各样的食物每种都吃一点，借此来逐渐改善小庆的挑食问题。此外，餐馆还是练习排队等待、人多嘈杂也不恐慌的绝佳场所。小庆特别喜欢"下馆子"，每当我们对他说"咱们去吃自助吧"，他就会特别高兴，"下馆子"现在仍然是有效的强化物。

在生活方面，换衣服、刷牙、洗澡时自己擦洗身体等，都是小庆当时需要练习的行为干预项目。在设计这些教学任务时，我们参考了《发育落后儿童的生活自理——基本的认识与指导》（*発達につまずきを持つ子と身辺自立—基本の考え方と指導法—*）（大扬社）这本书。在教这些技能时我们运用了 ABA 干预技术中的小步骤教学（参考第 35 页的相关内容）、逆向串链（参考第 35 页的相关内容）等方法，特别管用。在教小庆分清衣服和袜子的正反、前后时，我们特意选择了容易辨别正反、前后的衣袜，有时候还会在衣袜上做记号以帮助他分辨。

在幼儿园时，小庆有很多自我刺激的行为，如玩沙子。小庆一有机会就跑去玩沙子，光靠妈妈一个人根本拦不住，最后老师们一起帮忙，才彻底制止了他的这个自我刺激行为，他也才能在秋季运动会上和大家一起参加了 5 分钟的竞技活动。而这个竞技活动，也是我们通过家庭干预逐个动作地教，他才学会的。正是靠着这些积累，小庆掌握了大运动模仿技能，进而他才能参加运动会，在音乐会上演奏乐器。

以前，小庆在课堂上读绘本和听老师讲故事时，常会自己站起来到处乱走，渐渐地，他能够在老师叫他时回到座位上，和其他小朋友坐在一起了，这也是他在家练习的成果。在居家干预中，我们引导他好好听故事的时间从 1 分钟开始，逐渐延长到 2 分钟、3 分钟……在小庆能够和大家一起参与活动之后，他的那些自我刺激行为也就自然而然慢慢地减少了。

当前的 ABA 干预：从 7 岁 7 个月至今的教学计划和进展

现在我们对小庆仍然在家执行着 ABA 干预的中期教学计划。在生活方面，他已经掌握了刷牙和自己擦洗身体的技能。为了让小庆掌握在校担任午餐值日生需要的能力，我们特地在家里吃饭时让小庆做盛饭、打汤等多项帮忙任务的练习[①]。我们还特地将壁橱的位置改低了一些，这样小庆就可以每天把被子放进壁橱或从壁橱中拿出了。目前小庆叠衣服叠得还不太好，但也基本学会了。我们在家里开展的这些生活自理的训练，实际上也真的能够让小庆在做家务上帮上忙。

在学校，小庆的综合学业成绩排在班里的中上位置，不过细分的话成绩有高有低，他虽然会算术，但遇到应用题就不行了。为了改善这个问题，我们现在对小庆开展了以文章理解、语言理解为中心的重点教学计划。

我们在学校里使用代币经济（参考第 36 页的相关内容）来帮助小庆学习适当行为。从 2 年级开始，我们使用了"自我核查代币表"。这很有效果，他在学校里乖多了，能听从班主任老师的指令，做作业的表现也慢慢地改善了。以前，只要是自己的作业未能在规定时间内完成，或者上课时发现自己要用的东西没带来，小庆就很容易大闹起来，现在这些方面的问题已经很容易控制了。

使用"自我核查代币表"的方法是，如果目标任务完成了，小庆就会自己在方格里打√，课后再把打√项目的得分加起来，记入右栏的总分。这个分数加上陪读的家长或行为咨询师的代币打分，再加上班主任的代币打分，即为总成绩。如果总成绩达到目标分数，小庆就可以交换自己想要的后备强化物。

[①] 译注：日本小学午餐时会要求学生轮流做值日生，几人一组，每组负责一项就餐任务，如搬运饭菜组、盛饭打汤组等，每周轮换。

在学期期末时，根据对小庆这一学期表现的评估和 IEP，我们家长、班主任老师和行为咨询师将一起进行三方会谈。

小庆的自我核查代币表（节选）

	目标行为	月 日（星期 ）
语文	☐完成作业（3分）	今天总共得了多少分？
	☐听老师讲话（8分）	
	☐安坐（2分）	
	☐知道答案的话就举手（3分）	
	☐快速准备学习用品（2分）	
	☐迅速收拾自己的东西（2分）	

在集体生活中家长和孩子学到的

小庆在3岁时被诊断为孤独症，但一直没有接受过公立机构的干预服务，也没有被介绍去其他机构接受干预。我们为了让小庆适应社会，很想送他进入集体生活环境，我们心里期盼着公立机构能够在此向我们家长提供支持和建议。

可是事实上，我们只能自己直接去寻找周围的幼儿园或幼儿培训班，直接与园方交涉看小庆能否有机会入园，看小庆能否适应里面的集体生活。在我们自己的努力下，小庆一共去了三家幼儿园、两所小学，还有两个幼儿培训班。

回想起来，在幼儿培训班（课外补习班）和现在正在上的第二所小学里，小庆在集体生活所必需的技能方面进步非常大。这些培训班和小学的共同点是：①老师努力了解小庆的发育障碍；②老师认可家长当影子老师；③老师与家长协商并互相帮助；④老师和家长有共同目标：希望小庆增加集体生活所必需的技能；⑤老师和家长对小庆使用同样的干预策略；⑥调整环境，让小庆随时能看到时间表了解活动流程，从而更安心地主动参与活动；⑦通过对比，向小庆展示什么才是好行为。

相反，对于另外的三家幼儿园和一所小学，我很难在这里描述，我们受到了非常负面的对待。那些地方不让小庆参加集体活动，只是任由他独自在园内做自我刺激的行为，老师对此还说"他喜欢，那就一直玩啊"，根本不带小庆进入小朋友堆里去玩儿。第一所小学的校长给我们的意见是："既然生了发育障碍的孩子，那么家长就要承担所有的风险。"这种话竟然出自教育工作者之口，简直让我怀疑是否听错了。我深刻地体会到，同样身为幼儿园老师和小学老师，同样是公立的幼儿园和小学，想法和做法却大相径庭。小庆现在所在的学校，给予了我们充分得不能再充分的支持，我们从心底里感谢他们。

上幼儿园时小庆的时间表（平时）

	周一	周二	周三	周四	周五
8:00	早餐	早餐	早餐	早餐	早餐
9:00～14:00	幼儿园	幼儿园	幼儿园	幼儿园	幼儿园
15:00	课外补习班	游泳	ABA 干预（行为训练师）	课外补习班	ABA 干预（妈妈）
16:00～17:00	ABA 干预（妈妈）	ABA 干预（妈妈）		ABA 干预（妈妈）	
18:00	看电视	看电视	看电视	看电视	看电视
19:00	晚餐	晚餐	晚餐	晚餐	晚餐
20:00	洗澡	洗澡	洗澡	洗澡	洗澡
21:00	睡觉	睡觉	睡觉	睡觉	睡觉

ABA 干预带来的变化

我感觉 ABA 干预带来的最大变化是发生在小庆上小学 1 年级的时候。那时，当我看到以前完全不与人打交道的小庆，竟然笑呵呵地和其他小朋友围着娱乐设施追来追去，我高兴到了极点，"小庆能和伙伴一起玩了！"我们为了提高孩子的社会沟通能力，引入了 PRT，边学习边引导孩子的行为，正是这样小庆才有了这么大的变化。

刚开始 ABA 干预时小庆最初的变化是，他在 2～3 周内很快就学会了这样的任务：一边伴随着儿歌"头咚咚，肩膀咚咚，屁股咚咚，膝盖咚咚"，一边跳着简单的舞蹈。而在这之前，就算妈妈手把手地辅助（参考第 38 页的相关内容），他也毫无反应，只是任凭拉扯。但开始 ABA 干预后，他很快就掌握了动作模仿的技能。再往后，当我们叫他的名字时，他也能清晰地回答"哎！"

小庆 5 岁之后，那些在家里学习并掌握了的技能，他也能在其他场所应用了。比如，通过 DTT 训练学习动作模仿后，他在课外补习班里也能听从其他老师，完成"起立、坐下"之类的指令了；在做体操等大动作练习时，他也会看着其他小朋友做的动作，自己跟着做。他开始认真听老师说的话，对老师提出的问题也能做出回答了。

我们以前试过的疗法，进行了一年多也没有看到任何效果，所以，说实话我们当时真的很惊讶。通过 ABA 干预，我们教得越多，小庆掌握得就越多，这让我们似乎看到了微弱的希望，"说不定能好点呢"。当初选择使用 ABA 时，我们还担心这会不会对小庆有害（因为之前某个临床心理师说 ABA 是喂养动物的疗法），这种不安随后也烟消云散了，我们下定决心要更好地学习 ABA 干预。

开始 ABA 干预之后，我们和小庆的沟通方便多了。我们以前都尽量不带他出去，现在也可以出去了。在饭店吃饭，去游乐园玩，和爷爷奶奶一起去旅行等，这些以前我们想做也做不了的事，现在基本上都毫无问题了。小庆和我们一来一往的对话，虽然进展很慢，但次数也增加了。现在小庆可以主动报告自己在学校里发生的事情（虽然他说的内容很单一），如"我今天和小伙伴玩官兵追贼了"。我曾经以为自己一辈子都不可能与小庆聊天，如今看到他的这种变化，我感到特别高兴。与小庆聊天，一起散步，一起吃好吃的，这些都是几年前我根本无法想象的。

我们作为父母也在执行干预的过程中学到了很多。其中很重要的一点就是，要想达成目标，就必须努力。另外，我们还学会了"平衡很重要"的原则。在课外补习班中，我们惊讶于小庆的计算能力，也因而差点就深陷其中，幸好行为咨询师给出了多种练习项目，并建议我们"要考虑技能的平衡发展"，这才让我们转变思路。确实，不管小庆的计算能力多么厉害，如果他不能与其他小朋友玩耍，那他就有可能走向孤立；如果他体能不行，他就更容易生病。我们正是抱着谦虚的心态，跟随 IEP 实践至今，小庆才有了如今的成长。

我们接下来的目标是，逐渐降低小学影子老师的支持频率，让小庆能更自主地进行课堂活动，让小庆能与同学们更好地互动玩耍。写日记，写感想，写作文，解读文章，画图，做手工，在体育课上玩躲避球、篮球、足球等，这些都还是小庆不擅长的学校任务，我们会通过任务分解，让他进一步学习，掌握更多的适当行为，减少问题行为。我们会像之前一样开展干预，期待小庆能顺利完成小学高年级的学习，希望他能够独立去上学。

对日本的儿童体检、干预服务和教育系统的看法

现在的日本，幼儿在 1 岁半或 3 岁时的例行体检中，就能被发现或怀疑存在孤独症谱系障碍之类的发育障碍，但这对于儿童保健师、临床心理师和儿科医生来说，仍然不是一件轻而易举的事。理论上，各领域的专业人员应该充分具备这方面的知识和经验，可问题是，他们是应该向家长传达还是不传达呢，又应该如何正确地传达呢？有的专业人员也许会顾虑家长的承受能力而考虑不传达，但若只以这个为理由，该说的话也不说，我感觉还是很不妥的。我们希望专业人员的这种想法能有所改变，该说的话还是应该说出来，尽可能早点地给出诊断并开展干预。我觉得有必要建立一个指导流程，为家长接下来的应对措施提供建议，并建立一套支持体系，为家长提供更加充分的服务。

现在日本的儿童发育评估和干预机制，还未能做到将必要的信息送到需要者手里，这真的非常遗憾。被诊断为发育落后的孩子，我不清楚其中有多少孩子随后接受了正规的发育评估，也不清楚在评估之后对多少孩子开展了有效干预。我认为，从事与儿童发育障碍相关工作的医疗工作者和幼儿教育工作者，必须熟悉各种障碍的特征，了解各种疗法，并能将相关知识告诉孩子身边的人。因此，我希望这个领域的专业人员在专业上能有更好的能力提升。专业人员要想提高服务质量，就需要不断地获取新知识，掌握新技术。我希望从事幼儿教育的专业人员能够用科学数据来证明教学的实绩，不然的话，我们根本没法判断哪个疗法有用，也没法信赖那些缺乏实证的疗法。

另外，我现在最希望的是，从事学校教育的相关人员（教师、教育委员会成员、教工等辅助人员），也能学习儿童发育障碍方面的相关知识，了解有效的支持方法。我希望国家和地方政府能够开展这方面的培训，提高对儿童发育障碍的公共认知。当然，障碍儿童教育的责任也不能全压在学校一方上，教育人员、家长、医学专家、行为咨询师等，应该多方坐在一起共同讨论，这样才能在学校教育的现场建立一个多方合作的支持环境，这是我们家长最深切的愿望。

社会对发育障碍儿童的家庭关注和支持，也需要进一步充实。我们家长要经常带着孩子去医院，还要去参加发育障碍方面的培训课程，制作干预材料和学习教具，还要记录行为数据，去幼儿园和小学面谈。我们家长需要做的事情数都数不清。我们要去幼儿园和小学面谈，就需要向公司请假，有时候甚至不知该用什么理由。我们家长在与学校会谈时，本来打算尽量说重点，但可能因为说得不系统，自己的意思根本

没有表达清楚，结果学校方面可能不重视，连资料都不看一眼。我家附近没有儿童发育障碍方面的专业医生，所以我们需要去很远的医院预约，我们曾经无数次地赶首班车前往。"为什么我们要做这么多事啊？"我不知多少次这样感叹。虽然我们之前那么艰难，但是我们也深切地感受到，只要我们努力了，小庆的生活就会越来越顺利。因此，我们家长的这些努力行为也是被小庆的变化所强化的。我希望，我们能有一个更美好的社会环境，让家长能更轻松一些，能有更充分的干预时间来帮助孩子进步。

给小庆的话

小庆，你一直都很努力。你每天都会对我们喊"爸爸，妈妈"，跟着我们一起向前。生活还要继续，让我们一起努力，一起学习，一起走向未来！

| 实例 4 | 小淳，6 岁，男孩（孤独症谱系障碍，伴轻度智力障碍） |

3 岁 0 个月	例行体检时发现存在发育落后，儿童保健师说"再继续观察吧"，之后进入幼儿园。
3 岁 4 个月	去儿童发育障碍的专科医院就诊。 被医生诊断为"孤独症谱系障碍，伴轻度智力障碍"。 每周 1 次参加康复机构的集体康复。 言语治疗师开始言语治疗。
3 岁 6 个月	开始 ABA 干预（每天 2 小时的家庭干预）。 2 位行为咨询师和 5 位家长参与。
5 岁 0 个月	同伴训练。
6 岁 0 个月	进入小学。

最初得知孩子存在发育障碍时的情况

在 1 岁半例行的幼儿体检时，小淳几乎没有任何有意义的语言。小淳也曾经发出过"爸爸、妈妈"的音，当时我们误认为那就是说话了，但很快就发现小淳并不理解语言。另外，小淳每天非常多动，一刻也停不下来。

在 3 岁例行的幼儿体检时，小淳仍然几乎没有口语，儿童保健师和医生与小淳说话，小淳却好像完全听不懂。而这时候的我们最苦恼的还是小淳的多动问题。我们跟小淳说话时，他最多的就是鹦鹉学舌，比如我们给他零食时问他："你要哪个？"他就只会照搬我们的话，也说："你要哪个？"我们之间的对话基本都是这种方式的一来一往。

小淳特别讨厌集体游戏或活动。幼儿园老师在读绘本时，他压根儿不愿意和小朋友们坐在一起听。他在下雨天也经常会光着脚冲出教室，跑到院子里去。[①] 于是，老师经常把门锁上，可是小淳也许是观察到了老师开锁的方法，不知从什么时候起，他会自己开锁跑出去。

就像这样，我们，尤其是我这个当妈妈的，在小淳 3 岁之前就感觉到他与其他孩子有些不同。我之前曾经在障碍人士的服务机构里担任过社会工作者，所以我怀疑"小淳不会是孤独症吧？"但是在例行的幼儿体检时，儿童保健师却对我们说"再观察吧"。而周围的人和家里的老人都说"男孩子嘛，本来就是精力旺盛，语言发展得慢"。其实我心里有非常大的疑惑，"保健师为什么这么说呢？""不会有什么问题吧？"

---

① 译注：日本幼儿园在教室内都是让孩子光着脚的，离开教室去户外时再穿鞋。

随后，在幼儿保健中心临床心理师为小淳做了发育评估，可是在评估过程中，小淳根本坐不下来，所以检查无法完成。接下来我们为了消解长期以来的这种"没着没落"的焦虑感，预约了所在地的专科医生（儿童发育障碍专科诊所）进行诊疗和检查。

确诊时医生的看法和家人的反应

在诊所里，医生告诉我们，"小淳是孤独症，伴轻度智力障碍"。听到这样的诊断，我们夫妻忍不住哭了，但我们也就是在当天哭了，随后我们一直想的是"我们一定要做点什么"。

诊断时，医生给了我们一本介绍孤独症的小册子，告诉我们"要好好读一下"。我们也问了医生很多当时我们不明白的问题。尽管医生并没有说这样一次发育评估的结果就是最终的诊断，但他还是扔给我们一句"这就是现实"。然而，今后我们该怎样养育孩子，应该采取哪些应对办法，医生并没有给我们什么预期性的建议，只是要我们每周来参加一次这个诊所的附设机构举办的集体康复班（亲子课堂）。

没能从医生那里获得充分明确的建议，这让我们很不满，但我们还是认定了这句话，"光是烦恼也没用，还不如向前看，这才是我们该做的"，于是，我们向儿童保健师和社会工作者咨询关于"发育障碍儿童的干预"信息，可是很遗憾，从他们那里我们也没有获得一点有用的信息。有一天，正在下着大雨，我突然被一位社会工作者叫了过去，他认为我近期压力太大，像是走投无路的样子，"我想与你聊聊，看能不能让你平静一些"。他的这种看法，在我听来有些莫名其妙。我们当时的确为孩子的确诊深感焦虑，但是从专业人士那里，我们没有得到什么答案，也没能获取什么有用的信息，面对这样的康复环境，我们只感到头疼。从那个雨天之后，我再也没有向那位社会工作者求助了。

开始 ABA 干预之前

当时我们每周带小淳去一次医生介绍的康复机构，小淳在那里进行集体康复活动（内容是每天上午做一些游戏和亲子操，然后大家在一起吃盒饭，之后再读读绘本就结束了）。每周的这一天，我们都要给小淳向幼儿园请假，妈妈也要放下工作，赶过去参与这个亲子康复班的活动。除此之外，我们还在言语治疗师那里接受了一些非语言的教学内容（多是平面拼图或立体搭积木之类的活动）。可是，小淳一直是个坐不住的孩子，所以那里的活动他基本上不可能顺利进行。对此那里的老师只是说"孩子年龄还小，这也没办法"，而当时我们除了带孩子努力去参与这些活动，也实在没有其他可采取的方法了。

了解 ABA 的经过

小淳被诊断为孤独症谱系障碍的一个月后，我们才开始在网上查询孤独症方面的信息，偶然知道了 ABA。（在这之前的一个月里，我们夫妻俩非常害怕看到有关孤独症孩子的未来情况，因此没敢去查这方面的信息。）

当看到 ABA 关于问题行为的应对方法时，我们大吃一惊，其中的实例正是小淳日常生活中出现的那些问题，这让我们一下子产生了共鸣。比如，当孩子出现在超市哭闹着要求买零食时家长应该如何应对，方法介绍得非常具体，"就是这个啊！我们一直在找的就是这个！"我们认真地做了笔记（其实直接打印就好）。

不久，我们听说有场 ABA 的讲座，就马上报了名。不过，我们当时还是半信半疑，"可别是什么奇奇怪怪的糊弄人的集体传销啊"，所以当时爸爸没去，只有我一个人去了。在讲座会场，我遇见了行为咨询师（参考第 53 页的相关内容）。

"这位年轻人是什么人啊，他一边看着孩子一边做着笔记。他在干什么呢？他在写什么呢？"我第一次看到行为咨询师时，心中就是这样好奇，感觉不可思议。讲座结束后，我与其他同样是第一次来参加讲座的妈妈一起找到那位行为咨询师，问他："您刚才在会场上记的是什么？"现在想起来，那就是我接触 ABA 的第一个场景。讲座之后，我与那位行为咨询师在车站入口处聊了很久，他给我讲了很多 ABA 方面的知识。除了之前在那家康复机构参加亲子课程，我接触到的第一种针对孤独症的疗法就是 ABA，这位认真聆听并认真解答我的疑问的专业人士就是行为咨询师。我现在回想起来，那真是一次美好的邂逅。

第一次 ABA 干预

确诊后 2 个月，小淳当时是 3 岁 6 个月，我们开始了 ABA 干预。从结识行为咨询师到开始干预，这中间有一段时间，我们还是不知道该从哪儿下手，所以决定不如等一等，等训练师来家之后再开始 ABA 干预。

当时小淳的情况是，他的口语能力和配合能力（即听从指令）几乎完全没有，语言和非语言的沟通也完全不会，在这么一个状态下，他表达要求的手段基本上就是哭闹和叫喊之类的发脾气举动。终于，训练师来了，我们开始了 ABA 干预。最初，我们曾要求训练师，"让我们看一看您做行为训练的教学示范吧"。不过，刚开始的时候，小淳有时候会哭得上气不接下气，训练师也只能暂停下来。而我们听着孩子的哭声，心里也特别难受，这感觉至今记忆犹新。

我们一边观摩训练师的训练，一边在每天的晚餐或洗澡之后自己做 2 个小时的 DTT（回合式教学：参考第 49 页的相关内容）训练。小淳的口语非常少，所以我们先从让他听懂一个一个的物品名称开始教学。我们这样一个一个地教他这些物品的名称非常累，但是小淳学会了一些之后，他在这方面的能力很快就扩展开了，就好像摁下了什么开关，几条线路都通了电一样。在我们通过 DTT 训练教会小淳认识苹果和消防车的颜色"红色"后，他在外出时看到其他红色的东西时也能说"红色"了。

我们在小淳的日常生活中也运用了 ABA 技术。比如，当我们用 DTT 教他学会了"茶""我要"和"请"等基础语言之后，我们就在他口渴了站在冰箱前用眼睛看向我们时，提示他说"茶"（参考第 38 页的相关内容），争取让他在说出提要求的发音之后，再得到茶。小淳能说"茶"之后，我们就引导他说"我要茶"……就这样，我们一点一点地提高对小淳的要求。

只要有机会，我们就会参加行为咨询师举办的讲座或家长学习班，面对面地跟着行为干预讲师学习 ABA。此外，我们还阅读了《让我听见你的声音》(Let me hear your voice)[①] 和《克服自闭症》(Overcoming Autism) 等书籍，通过学习，我们对孤独症有了更具体的认识。

在这段时间里，我们每天早上送小淳去幼儿园，傍晚接他回家后，我们就指导他完成一些课外培训班的作业，然后吃晚餐、洗澡，接下来我们再带他开展 DTT 训练。

最初的变化

因为小淳最初几乎没有语言，所以，我们当时把最大的目标定在语言能力的提升上，增加他能说的词汇量，并让他能够在日常生活中使用。比如，当他掌握了"红色"这个词之后，他的世界似乎一下子变得广阔了，很多物品的名称他都能记住了。我觉得 ABA 给他带来了"世界变得广阔"的感觉，这也是我印象中他最大的变化。

---

① 编注：《让我听见你的声音：一个家庭战胜孤独症的故事》，（美）凯瑟琳·莫里斯著，梁海军译，华夏出版社，2018 年出版。

这个变化是我们刚开始 ABA 训练不久后发生的，从那时起，我就对 ABA 这套干预方法刮目相看了。

开始进行 ABA 干预时的不安

有一段时间，我们执着于让小淳记住各种动物的名称，可是小淳怎么也掌握不了"犀牛"这个词。在两个星期的教学中，我们使用了各种方法和教具，但仍然不成功。我们非常焦虑，可是就在我们准备放弃的时候，小淳却突然会"犀牛"这个词了。我们非常高兴，但同时我们也开始认真反思，"我为什么非要跟'犀牛'较劲呀？"

集体生活

小淳 2 岁时就开始上幼儿园了，3 岁时转到了新幼儿园。因为这个新幼儿园的上级集团，还经营着特殊养护老人院和障碍人士的福利院，所以我们觉得这家幼儿园对发育障碍应该是相当了解的。另外，这家幼儿园离家近，我们步行过去的时候，正好可以教小淳一些交通规则，这些就是我们决定转园的原因。

然而，当我们向幼儿园提及 ABA 干预时，他们并不了解。于是，我们请老师在表扬小淳时，面带笑容，夸张地表扬，而且我们介绍了孤独症谱系障碍的一些特征（比如，视觉信息可能比语言信息更容易让孩子理解）。但是，幼儿园还是不断地向我们报告小淳的各种问题。于是，我们请教了行为咨询师，并参考了 ABA 书籍，然后向幼儿园老师提供了一些具体的处理方案，恳请老师执行。

小淳在之前的那家幼儿园里，对集体活动会产生很多厌恶反应，但是当他被普通孩子围着时，他也能很快适应。刚开始时，小淳虽然还不会说话，但会有攻击其他小朋友的表现，这种攻击的行为大都是因为他要守住自己的或争抢他人的物品而引发的。ABA 干预之后，小淳有了语言，他开始能够用语言表达自己的要求，和小朋友之间的这类问题就减少了。

有一阵子，小淳出现了吐口水的问题。我们告诉老师，"如果他吐了口水，您就坚持马上让他擦干净"，结果这个行为很快就消失了。小淳还曾经欺负过实习老师，他应该是喜欢看对方的反应，因为小淳也知道自己在做坏事，所以我们告诉老师，"下次如果他再这样，您就冲他发脾气试试"，结果这个行为也一下子就停止了。因为小淳对班主任老师的服从性很好，所以不管小淳出现什么样的问题行为，班主任老师都可以让这个行为在恶化之前停止。

总之，班主任老师是一位将喜怒哀乐都清楚地表现在脸上的人，所以小淳很容易就能区分"该做的事和不该做的事"。老师会当着我们家长的面热情地表扬小淳，反过来，当小淳出现问题时，老师也会在小淳在场的情况下毫无表情地向我们报告（这样，就制造出了一种小淳自己也能看得清的氛围）。

小淳现在进入了大班，他对班主任老师依然保持着良好的服从性。放学回家时，如果小淳没有道别，老师就会叫"小淳"，小淳就会马上跑回到老师身边，有礼貌地跟老师鞠躬道别，"老师再见"，再回家。

如果有发育障碍的孩子在一个环境中，不知道自己该说什么该做什么，那么这个环境就会让他感觉不安，即便是普通儿童，也会如此。在幼儿园里，最能向孩子提供明确指导信息的人就是老师了。由于老师和小淳之间建立了这样良好的师生关系，所以小淳的社会性沟通能力在幼儿园里有了很大提高，在这点上我们非常感谢老师的付出。

ABA 干预带来的变化

开始 ABA 干预之后，我们认真地教小淳，"妈妈的指令你一定要听从"，如今小淳已经知道在妈妈面前发脾气毫无意义。于是，他努力地用自己的"语言"来表达，而不是用哭闹叫喊，他体验到了用这种正确的方式来表达自己的意愿要比哭闹更有用、更省力。

在孩子发脾气时，我们家长都会感到压力很大，因此，教孩子学会用"语言"来表达，我们的生活会变得轻松很多。小淳经过 ABA 干预之后的成长进步，让我们体会到日常生活中方方面面的压力都在逐步减少。有明确的干预目标，有具体的干预手段，进而获得了充分有效的结果，这对我们家庭来说，就是比什么都好的鼓励。

小淳目前仍有很多语言能力方面的训练任务，但对比他刚开始 ABA 干预时，连"爸爸妈妈"都不会说，如今他已经进步很多了。我想这是因为我们通过 ABA 的评估，了解到了小淳落后的地方，于是为了让他能适应周围的环境，采取了有针对性的具体训练，所以他的语言能力才迅速地提高了。

有多动倾向的小淳曾经出现过很多挑衅行为，多次给实习老师找麻烦。我们和行为咨询师讨论之后，决定运用代币经济（参考第 36 页的相关内容）。只要小淳能安坐一定时间，或者完成目标数量的学习作业，我们就让他得到一张贴纸。我们为他制作的代币表，是迷宫棋风格的形式，我们把当他的贴纸代币贴到终点时就可以获得的后备强化物照片贴上去，在视觉上一目了然。这个方法使小淳的多动行为和挑衅行为得到了很大程度的改善。

最近，小淳在做作业时偶尔会出现注意力不集中的情况，这样他完成作业的时间就会过长，就得不到贴纸。这时，小淳会问老师："为什么不给我贴纸？"老师回答："你做算术题的时间太长了。"小淳会接受这样的说法，说"是这样啊"。他真的是在成长啊。想当初，他这时候可能会暴风骤雨般地发脾气，而通过训练，他的语言理解能力提高了，在使用代币经济之后，他发脾气的情况就更少了。我们回顾小淳从3岁起的学业培训班的行为观察记录，就能够很清楚地看到他的进步了。

基于ABA的同伴训练

小淳与其他同龄小朋友一起参与的同伴训练（参考第54页的相关内容），我们也开展了很多次。有一些通过家庭干预很难学习掌握的社交沟通技能，小淳可以通过这种与同龄伙伴在一起的模拟场景和集体游戏的场景来练习。

有一次，小淳在集体游戏过程中发生了这样一件事。训练师准备了多个游戏，他先让小淳从中选择一个自己喜欢的，再去邀请小朋友一起玩。可是小淳说想玩他自己带到幼儿园去的扑克牌，"我不喜欢训练师准备的那些玩具和游戏！我要玩我自己的扑克牌！"

要是在以前，如果他的这个要求被拒绝了，他肯定就会大发脾气，不会遵照家长或训练师的安排，不可能去参加其他游戏，只会坚持要玩扑克牌。而如今，他虽然仍然表现出对扑克牌的痴迷，但只要我们把接下来的安排告诉他，他就可以克服这种刻板而遵从安排。当训练师提议"和大家一起玩游戏才更开心啊！等玩完这个游戏，我们休息的时候，再玩你带来的扑克牌"时，小淳能够稳住自己的情绪，并与其他小朋友一起玩其他玩具和游戏。

随后，训练师按照约定，在休息时间把其他小朋友叫过来，让小淳拿出自己的扑克牌和大家一起玩，小淳玩得很开心。小淳不再像以前那样动不动就大闹了，其他小朋友也都愿意来到他身边，这就形成了一种良性循环。

小淳对游戏的胜负，开始时也非常刻板。于是，我们在同伴训练中专门进行了打破这种刻板的练习。起初小淳一输就会大哭，但是大家坚持不理会他此时的哭闹，继续玩游戏。等小淳稍安定些，训练师再邀请他参与进来，只要他能再次参加，训练师就立刻大力表扬他。慢慢地，小淳在输了之后也能够不哭不闹，很投入、很认真地玩游戏了，这样他赢的次数也越来越多了。当然，他即使输了也能保持笑容了。

今后的目标

小淳现在即将上小学，进一步提高他的语言能力是我们接下来的主要训练目标，此外，我们还着重计划让他在普通孩子中间学习一些必要的社交沟通技能。小淳并不排斥其他小朋友，他能够和他们一起玩，但是他的语言能力拖了后腿。像"做好了××之后，我想做这个，我们一起玩吧！"这种互动能力小淳还很欠缺。因此，我们会刻意在某项活动进行到一半时，突然告诉他："接下来我们玩这个！"中断原来的游戏，让他一起参与下一个活动，这是我们正在准备开展的干预练习项目。面对小淳上小学这件事，我们最重要的是要了解小淳在普通班里能够努力到什么程度，还要了解学校方面对小淳的要求到什么程度。

对日本康复系统的想法

我很了解公立康复机构的重要性，我们家现在也受惠于此。然而，日本的这类康复支持，以上学为界，孩子一旦上了小学，就无法再获得很多公立康复服务了。现在我们去的康复中心就是这样的典型例子，尽管小淳的发音问题还未得到改善，他仍然需要接受言语治疗的发音训练，但是因为他上了小学就无法再接受这项服务了，这让我们感到非常遗憾。只靠学龄前的早期教育不可能解决障碍儿童的所有问题，我们也很有必要根据障碍儿童在上学之后的个别化情况开展量身定制的支持服务，这很重要。

康复中心会定期地给孩子进行发育状况的检查，这是客观评估孩子的好机会。我曾经认为，"经过我们这样的教学，孩子理应完全掌握了呀！"但是后来，我改变了我的看待方式，我会认为，"别人这么说话，小淳就是不能正确反应，但这也正是我应该在家继续教的内容呀！"这就是我们作为家长的变化。

生活中最高兴和最难受的事

我最近最高兴的事发生在小淳的课后托管班[①]上。面谈时老师看着小淳的开心表情说："这孩子真可爱！"经常有人批判 ABA 干预，认为它"完全不重视人的内心"，但果真如此吗？绝不是这样的，ABA 干预不是硬逼着孩子学习。为了让小淳知道他应该表达什么、做什么，才能够让大家明白他的想法，与大家共享他做的事，我们教给他具体的表达技能和方式，从而让他的沟通变得更顺畅，这哪能算得上逼孩子？

孩子的沟通顺畅了，孩子和家长才能真正地产生互动。老师也感受到了这一点。在课后托管班的说明会上，老师也提到班里有因无聊寂寞而攻击其他小朋友的孩子。我们从小淳 3 岁开始就满怀着对他的爱开始了 ABA 干预，所以他绝不会做出这种让人难过的事情。不过，等小淳进入青春期，我们可能还会遇到种种新问题，所以，从现在起，我们就需要进一步提高他的语言能力。对小淳来说，如果他难以用语言表达自己，那他应该会非常难过。

虽然我们现在还是会有搞不清楚小淳想要说什么的时候，但这种搞不清楚本身对我们来说并不难受，反而是当我们看到小淳放弃向我们表达的那一瞬间才是令我们最难受的时刻。这时就轮到 ABA 干预支持出场了，此时我们应该先认可和鼓励小淳"要表达"的语言行为，对于如何才能更好地表达，我们会通过任务分解来帮助他逐渐地提高能力。我们现在已经知道应该怎么做了，这才是 ABA 真正的强项。

给小淳的话

小淳，我们最爱你的笑容！当你说"我喜欢妈妈"时，妈妈真的太高兴了。大家都说孩子长大后终究有一天会说"老妈，一边去"，小淳，你可不要这么说妈妈啊（笑）。让我们母子俩一直一直地亲密下去。(对不起，我自己有时也会反省，我是不是想得太多了。)

[①] 译注：日本小学放学后，无法回家的孩子上的托管班，通常就设在校内，校方委托给第三方教育人员，并收取一定费用。

实例 5　小松，7 岁，男孩（孤独症谱系障碍）

2 岁 6 个月	发育检查［日本儿童发育评估（K版）］DQ（发育商）50 分， CARS（儿童孤独症评定量表）中轻度。 去儿童康复中心就诊。
3 岁 0 个月	发育检查［日本儿童发育评估（K版）］DQ 70 分。 由言语治疗师开始一对一的语言训练。 结束在疗育中心的干预和就诊。
3 岁 3 个月	由行为咨询师开始了行为咨询。
3 岁 6 个月	发育检查［日本儿童发育评估（K版）］DQ 70 分。
4 岁 0 个月	发育检查［日本儿童发育评估（K版）］DQ 55 分。
4 岁 6 个月	发育检查［日本儿童发育评估（K版）］DQ 70 分。
5 岁 6 个月	发育检查［日本儿童发育评估（K版）］DQ 95 分。
6 岁 6 个月	韦氏智力量表（WISC-III）IQ（智商）95 分，CARS 中轻度。

最初得知孩子存在发育障碍时的情况

小松从 1 岁开始站立走路，运动方面的能力发展一直都很顺利，但在他 10 个月的时候，我们与他玩"不见了！不见了"的游戏时他毫无反应，到了 2 岁时，他只会说"啊，啊，啊"，也不和人对视。我们一直以为男孩子说话就是晚，说不定哪天他就噼里啪啦地开始说了，不过作为爸爸，我其实也有点担心。现在想来，我们要是能早几个月开始行动就好了，对此我一直有些后悔。

虽然周围人也都劝慰我们说"男孩子说话晚，没事"，但是，小松 2 岁时我们在幼儿保健中心的建议下，为了确认他的语言落后是不是由听力问题引起的，就带他去做了听力检查，结果显示他并不存在听力问题。之后，我们又去了儿童发育专科医院咨询小松语言落后和不与人对视的问题，医生建议对小松进行发育检查和评估。

于是，小松 2 岁 6 个月时，我们在这家专科医院做了第一次发育评估［日本儿童发育评估（K版）］。评估过程中医生要他做的那些测试任务，小松基本上都完成不了，我们当时在旁边看着，就很明确地感到"小松身上隐藏着很大的问题"。检查结果显示，小松的 DQ 是 50 分，儿童孤独症评定量表（Childhood Autism Rating Scale, CARS）的结果显示小松是中轻度的孤独症，他的实际发育年龄大概是 1 岁 3 个月。医生根据检查结果，给出了"孤独症谱系障碍"的诊断。得知诊断结果时，小松妈妈最震惊的是医生说的"孤独症是治不好的"。可是小松妈妈当时想,"啊!治不好?但我们还是要给他治啊!我们总得做点什么吧?"于是,我们开始在网上查询"孤独症""治疗"等相关信息,然后寻找各个儿童发育中心和ABA家长联谊组织。

从小松被确诊时起,我们就开始了解关于孤独症的各种知识,并阅读了关于有效干预的书籍。当我们看到EIBI(早期密集行为干预,参考第51页的相关内容)的相关报告时,我们在消沉中似乎看见了一线光明。于是,我们在快跌入谷底的时候,决定要怀揣希望开始努力。知道了ABA后,虽然我们每天要花大量的时间和精力来学习,但无疑,我们在精神上感觉有指望了。

遇见ABA之前做过的事

小松妈妈当时一门心思地想增强小松的语言能力,于是她每天抱着小松坐在自己膝盖上,用卡片教小松学习发音。比如,她给小松看苹果的图片,并告诉他"这是苹果"。开始时小松只是看着卡片,什么反应也没有,但经过天天如此地重复,小松终于发出了"苹果"的发音。此时,我们开始积极地学习,去参加了ABA干预方法的培训班。

当时小松在儿童发育中心接受每个月1次的30分钟干预。干预的项目包括开始上课时与老师互相问候,参加拼图、捏橡皮泥、折纸等活动,以及做"哪个是××?""大的还是小的""我要……"和"请"等言语类学习任务,这个干预对小松好像挺有效果的。学习中,老师会用夸张的语言表扬小松,会给予他任务辅助,这些应该都有ABA的成分在里面,但是很遗憾,因为申请者太多,这个干预我们只进行了3次就结束了。(我们纳的税,政府应该把它多用在这类性价比高的地方,对此,我们纳税人必须发声。)

此外,小松还接受了每月2次的由言语治疗师进行的一对一言语治疗。我看了治疗师对孩子的训练,感觉这种以前可能更多是面向聋儿的干预方法如今也进步了很多,方法中也包含了不少ABA技术。

刚开始接受行为咨询服务的时候

我们在学习运用ABA干预的半年之后,听了1次行为咨询师的讲座,并因此申请了每月2次的行为咨询(参考第53页的相关内容)服务,这时的小松是3岁3个月。

- ## 家庭干预带来的进步

　　这个时候小松使用 2 个词构成短句的能力总算开始增强了。他会说"我要茶""穿鞋""知了在叫""红灯停""摩托车来了"等。给他看动作卡片时，我们问他"这个小朋友在做什么？"他会回答"看绘本""骑车"等。他还能用平假名卡片拼出 2 个字的词。

　　小松能够从数字 1 读到 10。当我们说"敲 1 次"时，他可以只敲鼓 1 次。当我们说"敲 2 次"时，他只会嘴里重复"2 次"但只敲 1 次。而当我们说"敲 1 次，敲 2 次"时，他倒是可以跟着说的话敲 2 次。由此可见，他并没有真正掌握数的概念。

　　在生活方面，小松从 2 岁 7 个月起就能够使用小马桶大小便了，但他仍需要使用纸尿裤，所以我们在这方面倒不算很辛苦。虽然他现在有时候仍然会尿裤子，而且尿了裤子他也不说，这有些麻烦，但他在晚上睡觉时可以不用纸尿裤了，我们对此很满意。他能自己脱衣服，但还不会穿，还需要我们的帮助。

- ## 家庭干预初期小松的表现

　　开始家庭 ABA 干预后，小松会说的话有了一定程度的增加，但沟通能力还是比实际年龄水平落后太多。很多他想要的东西和想做的事情，他还是无法向我们表达清楚，经常会着急地"不啊，不啊"地发脾气。小松还是很缺乏目光接触，他的言语能力虽然增强了，但还远远达不到开展日常生活对话的程度。我们一直想，"好想跟孩子对话啊，但这一天什么时候才能到来呢？"

　　小松走在路上时，因为太过多动，需要我们紧紧盯着，他还不太能听从大人的指令，经常搞得我们非常疲惫。我们在公园里常能看到两三岁的孩子可以独自玩耍，孩子的妈妈在一旁悠然自得，这种场面在我们家是无法想象的，我们要是不认真看着的话，小松会在 5 秒钟内就跑到我们视线之外。实际上，3 岁的小松就曾经不知什么时候跑出了家门，还穿过了川流不息的马路，跑到 500 米以外的商店和公园里。我们当时拼命找也没找到，后来打了报警电话请警察过来帮忙才找到，他没有被车撞到，这就是万幸了。那天坐着警车回来，小松还一副很开心的样子，而我们都快被吓死了。"他才这么小，我们就要跟警察打交道了！"对此，我们感到很无奈。小松能够在一定程度上较为安分地外出自由活动，那还是他升了大班之后的事。当时他即使生病住院也很难乖乖地躺着，总想翻过床栏出去，非常麻烦。

　　另外，小松还有一些刻板行为，比如，经常啃大拇指、踮脚站、转圈等，我们对小松的这些行为很在意。

当时听说别人家这么大的孩子已经能够听从指令，"去二楼把××拿来"，我们不由地叹气，"小松要什么时候才能做到啊？"

- **开始接受行为咨询服务**

行为咨询开始之后，最初的几个月我们需要做些准备工作，比如，对小松现状的观察与报告、强化物的列举和强度排序，等等。时间过得飞快。小松3岁6个月时，他的发育评估结果是DQ 70分，已经接近普通儿童的边界线了。那时候，我们会在洗澡时用玩具小鱼带着他开展训练任务，比如，"给我4条鱼"或"给我黄色和橙色的鱼"，他在训练时都能做出正确反应了。小松做对的时候，我们很高兴。虽然我们仍然有很辛苦的时候，但ABA干预还是让我们越来越快乐了。

ABA 干预计划

我们现在仍然每两周接受1次、每次2小时的行为咨询服务。我每天回家比较晚，所以小松妈妈是家庭干预的主要执行者，但每次的行为咨询我们夫妻俩都会一起参加，会认真学习行为咨询师的训练示范，讨论孩子的干预情况。常听人说，家长在教自己的孩子时，都很容易对孩子要求过高且很难控制自己的情绪。真的是这样，我就很容易脸红脖子粗，我可能不适合教孩子，只能写写对外倡导的文章，带孩子做如穿衣服、骑自行车、抛接球、洗澡之类的活动，帮忙做泛化，或者做些简单的家务劳动。小松现在仍然有很多言不达意的时候，需要我们辅助（参考第38页的相关内容），引导他做出符合场景的沟通行为，教会他更多的语言表达方法。

接受行为咨询服务的好处

配对，模仿，理解形容词和疑问词，掌握游戏技能，按顺序轮换，掌握自理技能（穿衣服等），理解胜负，理解数字，掌握手工技能（用剪刀、用糨糊、折纸等），写和画（线、图形、数字、平假名等），目光接触，共同关注，主动提问，理解时间、顺序、条件语句等，诸如此类的ABA的教学内容和教学计划，可以说在日常生活中到处都有练习机会，但孤独症儿童与普通儿童的不同之处就在于，他们很难在自然环境下自发地学习，而是必须在我们家长的带领下从基础学起。

事实上，单靠我们新手家长自己很难完成IEP的制订，也难以判断某项教学任务的导入时机。我们在小松 3 岁 3 个月时就能够从专业的行为咨询师那里获得指导建议,这真的是我们的幸运。要是没有行为咨询师的引导,我们的训练肯定会碰壁。行为咨询师根据小松当时的评估情况,为我们提供了最合适的教学计划,还针对家长的具体训练方法给出了改善建议,在这样的具体指导下,小松才有了现在的进步。我们读了很多关于 ABA 的书,但对于 ABA 的哲学背景、系统理论及方法论等,我们还是有很多难以理解的地方,幸好我们可以直接问专业咨询师,有他给我们解释,真是帮了我们的大忙。

我们家长在教学中遇到的困难,基本上都是因为没有做好小步骤教学、强化方式或提前告知(Priming)等基本技巧而出现的。比如,小松 4 岁时,我觉得让孩子学习骑自行车(带辅助轮的)是我这个当爸爸的责任,于是我就开始带小松练习,但小松只会往后踩脚蹬,无法让自行车前进。我们与行为咨询师讨论,他告诉我们,"你们可以尝试用手直接抓着孩子的一只脚,带动他向前踩脚蹬,同时从后面推,逐渐让孩子体验自己蹬车的效果"。我这才恍然明白,"对啊,得从细节上,一小步一小步开始啊!"我们通过小步骤教学,最终让小松在 7 岁之前就学会了骑不带辅助轮的自行车。我们家长如果只靠自己一味地闷头教,那么可以想象会浪费多少时间。

再举一个我们通过行为咨询师的指导解决了问题的教学例子。小松在 3 岁 6 个月时练习"这是谁"的提问,在行为咨询师的指导下,我们把他认识的和不认识的卡通人物卡片混在一起,逐张出示给他,当他看到自己不认识的卡片时,我们就让他问"这是谁?"卡片选用了没有其他诸如建筑物之类的多余杂物的图片,开始时我们全辅助地示范说"这是谁?"渐渐地小松也能自己独立地问了。再有,如果不是行为咨询师的建议,我们也许就不会买游戏机。游戏机能锻炼孩子的手指运动能力,并能够多人合作操作(2 人玩游戏)、按顺序轮换玩等,但很多家长会担心负面影响,怕孩子沉迷游戏,所以不会去买游戏机。其实反过来想,如果家长设定了"完成了 ××,我们就可以玩儿 ×× 分钟的游戏"或"只能在周末玩"这样的行为规则,那么这也会是很好的训练,可以引导孩子学会遵守规则,学习等待和忍耐。

日本的 ABA 专家很少,所以一旦孩子有机会接受行为咨询师的训练,家长就千万不要错过。不过,ABA 专家的经验和水平也不一样,家长要考虑这个专家是否与孩子合得来,也有的专家不能持续与孩子在一起。专家提出的建议是否具体而又比较容易执行,家长对建议能否充分接受,这个建议能否帮助家长正确地判断某个教学任务的引入时机,能否让孩子喜欢,最重要的是,这个建议是否有效果,我们家长只有综合考虑上面这些情况，才能更好地判断一位 ABA 专家是否适合自己的家庭。目前日本还没有公立支持服务，因此家庭的经济负担会比较重，这就会导致孩子难以直接接受专家的训练。因此，如果我们在日常生活中以家长作为主要的干预执行者，同时定期向专家咨询，那么费用方面就可以节省很多。

即使我们无法向专家进行定期咨询，也有很多日常项目要教，包括那些普通儿童成长中需要训练的项目。作为障碍儿童的家长，只要我们记得以 ABA 的观点和技术出发去帮助孩子，孩子就会取得很大的进步。因此，我深深地认为，你如果错过 ABA，那就真是亏大了。

集体生活

小松从 1 岁开始进入幼儿园婴幼儿班。当他被确诊孤独症谱系障碍之后，我们曾多次向园方要求为小松配置一位专门的老师，但是幼儿园以经营状况不好为理由，最终也没有为我们增加人手。而我们去幼儿园参观，也仅限于在有公开活动的时候，其他时间不能进，因此，我们根本不清楚孩子在幼儿园内的实际表现情况。虽然幼儿园的老师很努力，但是老师的数量远远少于孩子的数量，所以他们也没有办法更多地关照小松。我们没有看到小松的社交能力有任何改善。每次幼儿园演出时，我们都能看到小松与其他孩子的落差，就会为此感到沮丧。那时候的小松需要老师拉着他才可能参加这种集体活动，而且他可能会因为不知所措而不停地啃手指。

我们既然送小松进了幼儿园，就希望他哪怕有一丁点进步也好，我们希望幼儿园是一个能为小松提供学习机会的集体环境。我们非常看重这一点，于是下决心转学了。在新幼儿园里，我们得到了园长和老师的理解，他们为小松配置了一位专门的老师，我们也可以随时去参观。在这样开放的幼儿园里，我们提出的一些干预上的请求，老师们都相当的配合。小松在幼儿园里参与集体玩耍的时间也因此增加了，他在幼儿园里也很开心。在最后的幼儿园的戏剧演出中，小松独立地念了台词，虽然他的语速很快，但他能与其他小朋友一起上台表演，我们对他有这么大的进步感到特别高兴。

小松 5 岁时的每天时间表（平时）

时间	项目	时间	项目
6:20	起床	19:00 ~ 20:00	晚餐
6:30 ~ 7:15	ABA 训练	20:00 ~ 21:00	ABA 训练
8:15	去幼儿园	21:15 ~ 21:45	洗澡、刷牙
13:00 ~ 15:00	在幼儿园午睡	21:45 ~ 22:15	读绘本、看电视
18:30	回家	22:20	睡觉

关于小松的孤独症谱系障碍，我们完全告知了幼儿园，并且制作了支持手册（参考鸟取大学井上雅彦教授的网页内容），手册上面写了一些如何与小松更好互动的方法及互动的目标和注意点，以及如何更好地提供辅助的方法等。老师会每天将孩子的情况非常详细地记在联络本上，我们也需要在联络本上具体描述出小松的某个行为，我们会提示老师这个行为可能发生的时间，并告知老师应该如何应对。比如，"早上点名时，如果小松不停地说脏话，老师就不要理睬他，而在他能够好好地喊'到'时大力表扬他"。

早期密集干预之后的初期变化

小松对词汇和概念的学习速度有快有慢，但最初的变化是我们发现他能够记住东西了。小松从 3 岁到 4 岁半的发育检查结果显示，DQ 大致都保持在 70 分左右，没有下降。至少在这个时期，小松的发育水平没有落后太多。

当小松的语言能力提高到一定程度之后，他开始能够记住别人的说话内容并使用他人的语言信息了，他的语言能力得到了快速提升。进而，小松能够更清楚地说明自己的需求了，这让我们家长和他自己都轻松了很多。小松 5 岁半左右的发育检查结果显示，DQ 已经超过了 90 分，这是我们将近 3 年的 ABA 干预的成果，是客观数据上的体现。我们清楚地记得我们拿到这个评估报告的那一天，虽然我们知道今后的路还很长，但是从医院回家的这一路上，我们还是满心欢喜，都有点飘飘然了。

ABA 干预的益处

我们可以断言，如果没有 ABA 干预，小松就没有今天的进步。小松现在能够勉强跟上小学的学习课程，他的毛笔字也能像其他同龄孩子那样写得很漂亮。小松喜欢看书，他认读汉字的能力超过实际年龄水平，他在家里还能积极地帮我们做一些家务。我们之前的梦想——与他聊天，如今也实现了。

如今小松会自己取衣服穿换，上厕所时能自己擦屁股，这些自理技能以前他都需要我们全力相助，这让我们轻松了许多。

现在的小松，虽然有时还会只是一味"不啊！不啊"地任性叫喊，无法靠口语来讲明自己的理由，但是他会做的事情增加了，也开始学会享受生活了，我们感觉这比什么都重要。

我们只要有时间，就尽量参与到对小松的 ABA 干预上，我们的努力换来的是小松的进步，我们和小松一起聊天、一起玩耍、一起学习，这是无价之宝。著名的职场指导书《高效能人士的七个习惯》[①]（ The 7 Habits of Highly Effective People）里说，"为追求一生的幸福与成功，暂时牺牲眼前的安适与利益，也是值得的。经过一番努力与牺牲所换来的果实，将更为甜美"。我们真正想要的是什么，是否该牺牲什么，这需要我们认真考虑。我是这么理解这句话的。

虽然小松的进步速度并不算快，但是我们每隔几个月就会做一次回顾。我们发现，小松是扎扎实实地掌握了一个又一个技能，也正是这个发现，鼓励着我们继续努力下去。遇到 ABA，并选择了 ABA，我们现在仍然觉得是一种幸运。

小松目前的状况

小松在 6 岁半之前做的智力评测（WISC-III）结果显示，IQ 接近了 100 分。他的智力提升到这个水平后，我们日常生活中的辛苦也减少了很多。以前我们带他去旅行时，内容都是练习大于休闲，而从这个时候开始，内容开始变成休闲大于练习了。小松以前很多动，一不留神就会跑出去，这让我们夫妻俩不得不在都有时间时才敢旅行，否则我们就连稍微远一些的地方都去不了。经过 ABA 干预，小松学会了听从指令，最近一年里，我们夫妻俩一个人就可以带着两个孩子去远足了。这样，当我带着孩子去喜欢的地方玩的时候，小松妈妈就可以独自在家休息了。我们一般是开车去远足或旅行，途中我们可以一起玩猜谜和接龙，聊聊车外的景物，引导小松多说话。如果我们是坐火车，那么这就是练习安坐和收听车内广播的好机会。由于孤独症孩子在外出时会有发脾气和逃避的行为，所以很多家长尽可能地不带孩子外出，

[①] 编注：《高效能人士的七个习惯：20 周年纪念版》，（美）史蒂芬·柯维著，高新勇、王亦兵、葛雪蕾译，中国青年出版社，2010 年出版。

但这样孩子就没有机会学习在公众场合的适当行为了，所以我们觉得还是应该早点带孩子出去，创造一些让孩子学习外出时适当行为的机会。我们是这样认为的，也是这样做的。

今后的目标

现在小松在影子老师的陪同下在小学的普通班级里上课。我们希望再过几年他就能独自愉快地参与学校生活了。上小学之后，学校每天都会布置作业，为了跟上学业进度，我们需要帮助小松提前做好预习，因此小松要做的学业内容训练就增加了。周末小松不再去参加言语治疗师进行的言语训练了，所以，我们考虑带小松去参加地区社团，希望能以此进一步提高他的社交能力，为日后他能更好地参与社会生活进行更为全面的 ABA 干预。

之所以我们一直到今天都这么努力地开展 ABA 训练，是因为我们强烈地期望小松能够达到无障碍地参与社会生活的程度，我们希望他以后能够根据自己的愿望考学、就业、结婚。小松自己也非常努力，看着他奇迹般地掌握了一项又一项的技能，我们感觉他的未来之路越来越宽广了，我们真的非常高兴。

对日本的康复制度的看法

我们家是双职工家庭，因此我们夫妻俩很难投入太多的时间开展干预。无论我们怎么努力，都只能保证 EIBI 建议的每周 40 小时的一半时间，也就是 20 小时。不光是训练要花时间，向幼儿园及教育委员会、小学要求配备相关资源的交涉，我们也需要投入大量的时间。

如果日本有 ABA 的公立支持机制，以及更充分的育儿休假制度，也许我们就能更早地开始 ABA 干预了。虽然干预都是要花时间和精力的，但是尽可能地早在孩子 2~3 岁时就开始努力的话，性价比会更高。所以，我希望日本能像欧美那样，学校和社会都普遍了解 ABA 相关的行为干预知识，并且政府投入资金，这样就能让更多的发育障碍儿童回归社会。我们希望日本能成为这样的国家。

发育障碍儿童并不能得到完全的康复，因此家长需要早点接纳孩子，要给孩子一个更容易生活的环境。医学上无法治愈的问题有很多，对障碍人士来说，接纳和环境友好是非常重要的。幼儿期就发病的孤独症孩子有不一样的地方，ABA 的一系列研究都表明，如果干预到位，孩子的各种能力可以获得很大程度的提升。ABA 的原理很简单，所有人都适用。我们希望政府能够充分了解ABA干预可以有效帮助孩子提升能力、克服障碍的价值，并因此给予有力的支持，那么选择ABA干预的家长应该会更多。

给小松的话

小松，到今天为止，你一直在为了学习各种技能而努力着。虽然为了完成这些任务我们花了很多时间，但你完成了一个又一个任务，很多事情你都可以独立去做了。今后还有好多的学习内容在等着你，但我们坚信，只要是小松，就肯定能做到。爸爸妈妈希望你知道，你自己充满了力量，而且只要努力了就会有成果。我们希望你满怀自信地成长。我们今后也会竭尽全力支持你，一起走向未来！

实例 6　汤姆和汉娜，6 岁和 5 岁（普通儿童，兄妹）

最后，我们介绍一个针对普通儿童的干预实例，这个实例中的干预对象是一对名叫汤姆和汉娜的兄妹俩，他们的父母是行为分析的学者和行为分析师。在日本，人们对 ABA 的普遍认识还只是把它看作是一套针对发育障碍儿童的干预方法，但事实上，无论是障碍人士还是普通人，无论是成人还是孩子，ABA 在各种场景下都是一个可以适用的实证方法。为了说明这个问题，这里特别选用这个针对普通儿童的干预实例。

新生儿时期

新生儿有一种被称为"新生儿模仿"的独特反应，就是新生儿会模仿大人的表情。比如，当大人把脸靠近新生儿，并睁大眼睛做出吃惊的表情时，新生儿也会同样睁大眼睛做出吃惊的表情；大人张大嘴巴"啊"，新生儿也会张开嘴；大人嘻嘻地笑，新生儿也会做出嘻嘻笑的表情；大人皱眉，新生儿也会跟着做出类似的表情。

我们作为家长，就利用了新生儿的这个行为特性，在汤姆和汉娜出生没多久，只要有时间，我们就会满面笑容地对着孩子大声说话，就像意料中的那样，汤姆和汉娜都会频繁地做出笑脸（像笑起来那样的面部表情）。

过了新生儿时期，我们带孩子们散步和购物等外出的活动增加了，因而这种"笑脸泛化"的机会也来了。在电车上，在超市或公园里，当有不认识的人（主要是女性）对孩子笑时，汤姆和汉娜也会跟着笑。在他们还不认人的时候，无论谁过来朝他们笑，他们都会回以笑脸，就算是陌生男性过来笑，他们也会跟着笑。

虽然汤姆和汉娜只是在模仿对方的表情，但只要孩子们露出笑容，对方通常就会说"哎呀，好可爱哟！"然后对方会更加靠近孩子们并更开心地逗他们玩儿。陌生人会拉着孩子们的手逗他们玩，并发出"叭"之类的声音来跟他们沟通。通过这样的良性循环，兄妹俩降低了对陌生人的恐惧。

孩子 8 个月之后就能分辨父母和陌生人的脸了，就开始怕生了。汤姆和汉娜这么大时也是如此，他们在看到陌生人时会露出奇怪的表情，但一般很快就又会露出和对方一样的笑脸了。

我们因公出差时，会把汤姆和汉娜送到祖父母或保姆的家里。当我们把孩子们抱给他们并说"拜托了"的时候，汤姆和汉娜一瞬间会露出奇怪的表情，但当对方露出笑容时，他们又会马上改变表情，服帖地让对方抱着自己，看起来很安心。兄妹俩上了幼儿园之后，也从来没有出现过"分离焦虑"的表现，他们很快就适应了环境，能够安心地等待我们放学去接。当然，当我们去接他们放学时，他们都会高高兴兴地迎出来，叫着"爸爸、妈妈"，我们会对他们的这些行为给予表扬，"你好乖啊，你真厉害"，并用举高高或紧紧拥抱的方式来强化。

现在，兄妹俩一个 6 岁，一个 5 岁，上面说的那些行为表现他们还会有。路上有人打招呼说"你好"时，孩子们会回应"你好"。他们还会主动靠近其他小朋友，跟人家的妈妈说"你看这个"，接下去就开始聊天了。当孩子们在幼儿园或学校里，或者在家附近时，我们家长会跟在孩子们的后面，赞赏地看着他们一群孩子说说笑笑，这兄妹俩和谁都能很快成为好朋友。

日常生活观察与记录以及对哭泣行为的 ABC 分析

汤姆和汉娜的妈妈喜欢记录行为数据，孩子几点睡几点起，几点吃了多少奶，什么时候排的便，体温多少度，哪个时间段情绪好，具体表现是什么，等等。从孩子半岁左右开始，她每天都在表格上做简要的记录。本来带孩子是件苦差事，但有了这样的"观察记录"，我们反而感觉更轻松了。

有了这样的记录，我们就能预测孩子的生理节奏，就能提前知道接下来会发生什么，什么时候孩子会饿，什么时候可以让孩子独处。而且，我们也更清楚孩子为什么哭，这是因为我们对孩子哭的行为做了 ABC 分析。

在婴儿期，孩子们身体很健康，他们醒着的时候与我们有充分的接触，总能吃得饱饱的，又穿着暖和的衣服，包着舒服的被子，尿布总能保持干净，这些条件非常重要。只要我们充分满足孩子的需求，他们就能独自安然入睡。

从婴儿期就开始培养孩子独睡的习惯

汤姆和汉娜在我们充分调整过的舒适环境里，从出生后 2 个月开始，就独自睡觉了。我们会在给孩子们念完绘本之后把他们抱上床，关上婴儿房的门离开。刚开始，孩子们也会抗拒，但因为我们已经检查并确认了不存在导致他们哭泣的其他原因，所以即使他们哭了，也能很快停下来，香甜地入睡。汤姆夜哭的时长极短，哇地哭两声，等我们过一会儿再去看时，他就已经香香地睡着了。

婴儿哼唧和夜哭的原因目前还没有明确，而且因人而异，但是如果孩子不是因为发烧、肚子饿了、尿布湿了等，却还总是哭，那就有另外的原因了。婴儿夜里只要哭了，家长通常就会马上又抱又哄，这种哭就能获得足够的关注，也就是"因强化物出现而带来的强化"（参考第29页的相关内容），所以，婴儿睡不着时一哭就能被抱起来，并因此睡意消失了，这也就是"因厌恶刺激消失而带来的强化"（参考第29页的相关内容），所以哼唧和夜哭都很容易得到维持。那么，是暂时地满足孩子重要呢，还是让孩子忍一忍从而保证充足的睡眠更重要呢？我们经过认真考虑，选择了后者。

我们做父母的，为汤姆和汉娜创造了充分舒适的环境，作为睡前的最后活动给他们读绘本，然后温柔地把他们放到床上，训练他们独自睡觉的好行为。兄妹俩因而都在很小的时候就养成了在"晚安"信号发出之后独自入睡的习惯。

孩子们独自入睡对于我们做父母的来说是大好事，因为孩子们睡着之后，我们就能有时间看电视、洗澡，缓解白天的种种疲惫了。

当我们把这件事告诉朋友的时候，有的人会批评我们，"孩子睡不着哭的时候，你们竟然不抱他，孩子太可怜了，他没有得到父母的充分关心"。但真的是这样吗？常见的情况是，孩子每次夜哭，父母就把孩子抱起来哄，有时会一直到天亮，而白天父母会因睡眠不足而昏头昏脑，孩子也会因睡眠不足而情绪不好，或者在白天不该睡觉的时间里睡觉，结果孩子晚上更睡不着了，又动不动就哭，哭了以后父母又得抱着哄，然后第二天再重复这种情况。如此的恶性循环，要是父母还是不做出改变，孩子一哭就抱的话，那么孩子难道不更可怜吗？

"自主"的养成

汤姆和汉娜都有强烈的所谓的"自主"表现，"我自己做！""我自己能行！"这里说的表现不是他们与人比谁的字写得更好，谁跑得更快，谁的学习成绩更优秀，而是指"我一个人能行""挑战本身就很快乐"的行为表现，他们能从中感到喜悦，而这种喜悦成了他们的一种生活动力。

这种"自主"，是孩子主动挑战的强有力的内在强化物。孩子不是被要求了才做，也不是被骂了没办法才做，而是他们从自己主动挑战的过程中感到了快乐，这可以成为引发他们上进行为的动力。

汤姆和汉娜的这种积极迎接挑战的意识，也是我们逐步塑造出来的。当他们向我们求助时，在他们说"请帮帮我"之前，我们就预先根据他们当前的发育水平，设置了让他们可以按照自己的想法行动的环境，"你自己试试看""你先按照自己的想法试试"。父母不要在孩子求助之前就把一切都做了，而要先让孩子自己试试。比如，在孩子用手抓了饭把饭放进自己嘴里的时候，开饮料瓶盖子的时候，脱衣服的时候，摆弄玩具火车的时候，父母都有这样的机会。

如果孩子自己尝试了还不行，再来找我们求助说"妈妈，帮帮我"时，那么，不管是多么简单的技能，我们可能都要先将任务分解，只留下最后的部分让孩子挑战，也就是"逆向串链"（参考第35页的相关内容）的教学。

比如，搭玩具火车轨道时，我们会先把轨道之间连接的部分对好，然后让孩子塞进去，"咔嗒"一下完成后，我们会夸赞孩子，"哇! 真厉害! 你成功啦"，并与孩子分享这份成功后的欢乐。再比如，换衣服时拉拉链、扣扣子，洗澡时擦洗自己的身体，收拾玩具等，我们会留下最后的步骤让孩子来挑战。拉拉链时，我们先将拉链头对齐塞好，再让孩子自己往上拉。开饮料瓶盖子时，我们先拧到差不多就能打开的程度，再交给孩子自己拧。擦洗身体时，我们会把孩子自己比较容易擦的部位（如小腿和肚子等），留给他自己试着擦洗。每当孩子独立完成最后的步骤时，我们总会笑着表扬他们，"完成啦!""你自己也行啊!""你太厉害啦!"如此，我们一起分享孩子努力和成功的喜悦。

于是，渐渐地，"我自己一个人做，这是很厉害的事情""挑战令我开心"，这样的自我强化物开始增加了。如今汤姆6岁，汉娜5岁了，他们一直都有这种积极的表现。无论是在幼儿园和小学的学习中，还是在集体游戏或在家里独自游戏时。

失败了也不生气

当然，挑战总会有失败。虽然挑战是孩子们自己要去做的，但也常有失败的时候。这时候我们绝不能因为他们的失败而生气地说："看吧，我都说过了!""你怎么搞的!""是你自己非要做的!"挑战失败时，孩子们自己已经体验到"我挑战了，可是不行"，家长就没必要再进一步做负面评价了。

事情做不好，生气是没用的，我们需要换个角度，思考为什么做不好。家长应该时刻牢记挑战"须根据孩子现有的发育水平，不可超出孩子的能力，提出过度的要求"，"如果孩子挑战失败，那就说明这有可能是一个他尚无法独立完成的技能"，这时候我们就需要对环境做些设置，让孩子通过少许努力就能够独立完成这个挑战。

此外，我们还可以从失败中让孩子理解"失败也同样重要"，"谁都不可能总是成功，我们需要从失败中学习很多东西"。当孩子做不好时，我们要提供支持和提示，"是什么地方不对？""应该怎么做更好？""哪个地方最难？""哪个环节最简单？"通过这些引导，孩子可以自己找到解决的办法。

情绪的平复方法

看到这里，估计很多人会觉得我们家的孩子很好带，其实也有难的时候。比如，当他们的要求得不到满足，或者兄妹之间发生冲突时，他们难免会哭闹一阵子。再比如，当他们想吃更多的零食，或者晚饭时总是轮不到自己说话时（我们家的规矩，在有人说话时，其他人不能插嘴），他们就会开始嘟嘟囔囔，很多时候他们都可以通过语言来表达和解决问题，但还是会不时地哭一阵，表情也很不开心。这个时候，我们会明确地告诉他们，"你哭完了再回来"，然后让他们从客厅撤到走廊去，这个方法叫作"罚时出局"（参考第43页的相关内容）。我们采用这个方法，是为了让孩子们知道"总是不开心的话，就没有机会参与好事"，"要等情绪平复之后，才能开始享受快乐的时光"。通常，大概经过1～3分钟的这种冷处理，孩子的情绪就能平复，他们自己就会从走廊回到客厅来。

兄妹俩在幼儿园里，或者在其他小朋友家里，或者摔跤摔疼了时，自然会有哭闹和不高兴的表现。遇到这种情况，我们也不能慌张，而是要采取更从容的处理方式。孩子们在一起时肯定会出现冲突，比如自己抢了别人的玩具或是被别人抢了玩具，想向别人借玩具而对方不借，想加入某个集体活动却被拒绝，被其他小朋友攻击，等等，会有数不清的此类情况出现。

这时，如果我们家的孩子哭了，我们就会带他去安静的、什么都没有的环境中，在那里等待他平静下来，然后告诉他，"你哭完了，好乖"，还会引导他描述一下刚才发生了什么，但我们不会追问式地对他这样说，"你怎么回事儿？""你为什么那么做？""你是不是做得不对？"而是用更具引导性的说法，引导孩子自主发言，比如，"说说你还记得的事吧。""那么，你觉得怎么办才好呢？"如此我们就创造出一个有利的环境，让孩子可以说出自己的想法，然后得到认同。我们这样做可以帮助孩子回顾自己对他人做得不好的事，或者他人对自己做得不好的事，进而让孩子学会向对方道歉，"对不起"，或者向对方表达自己的看法，"我不喜欢被这样对待"。

孩子在路上摔倒受伤时，最初会因为疼痛而哭，但在周围的人的关心下，"没事吗？你疼吗？""你要贴创可贴吗？""好了，好了，没事了"……孩子就有可能习惯于哼哼唧唧，他的情绪也会一直保持在不开心的状态。此时的这种抗拒行为，周围的人提供的"温柔的声音"或"抱抱"等强化物，都有可能维持和加剧这种对抗情绪（因强化物出现而带来的强化）。在兄妹俩摔跤或受伤的时候，我们会在稍远的地方先观察，看孩子能否自己站起来。当然，我们会先确认孩子受伤的情况是否具有危险性，如果是有危险性的，那么孩子发出的声音就会不一样，或者马上就会开始前所未有的大哭，或者毫无反应。如果不是这类危急情况，孩子只是摔了之后暂时地因疼痛而哭泣，或者只是因受惊而反射式地哭泣，那么我们就会暂时在稍远的地方观察和等待，看孩子能否自己站起来。如果孩子能自己站起来，我们就会夸赞他，"厉害！""真棒！""你真勇敢！"然后，我们会马上带他转去参加其他活动，"那么，我们走吧！"

如果我们总是用很讨孩子喜欢的方式来处理，"是不是很痛？""摔哪儿了？""过来抱抱！""好了好了，乖孩子！"等等，那么孩子的抱怨和哭泣就可能会被拖得很长，而且孩子也很难转去参加其他活动了。

自我控制能力的培养

行为分析学中，有一个词叫作"自我控制（self-control）"。自我控制是指放弃眼前的（紧接着的）较小的强化物，而选择以后能够获得的更大的强化物的行为。这个能力，就算对成人，也就是对长大成人的我们来说，也都很缺乏。诸如减肥、抽烟、饮酒、适度运动、学习和存钱等，都是需要自我控制的行为。

眼前摆放着的美味的蛋糕与未来要保持的体重和健康的身体，大多数人会如何选择呢？眼前正播放着的精彩的电视节目与不看电视而把时间花在认真学习上从而获得大学录取通知书或者通过资格考试，人们又会如何选择呢？大部分人往往会选择先把眼前小的强化物拿到手再说。所以，书店里才都是减肥书、戒烟书、自我管理手册、时间管理手册之类的指导书。

如何做到自我控制，也许是人这一辈子都要挣扎的问题，而从孩子小时候就教他们思考如何选择自己的行为及强化物，每天做好管理，这应该是件很有意义的事。所以，我们在家也尝试着培养汤姆和汉娜自我控制的能力。

例如：

① 在一日三餐中，孩子们有两餐可以享用餐后甜点。他们如果早饭后不吃甜点，

就可以在午饭和晚饭后吃，当然，他们也可以选择早饭和晚饭后吃甜点。

② 周六时，孩子们可以一直玩到吃晚饭，但如果他们在 18 点之前收拾好东西洗好澡，就可以在晚饭前看自己喜欢的电视节目。

③ 孩子们每天晚上 8 点上床，如果他们能够在这之前就完成洗漱，并做好第二天的上学准备工作，那么剩下的时间就可以看电视或看书。

④ 预先定好每周的零食量，但每天吃多少由孩子自己决定。他们如果在前几天吃得太多，或者挑自己最喜欢的东西吃，那么到周末时，就只剩下少量且不那么喜欢的零食了；反过来，他们在周末也可以吃到自己特别喜欢的零食。

5～6 岁的孩子，在日常生活中需要自我控制的事情，其实也就这些了。不过，他们每天都会很认真地思考这些问题，"我该怎么办？""我该在什么时候做什么？""我该在什么时候享受？"随后，他们会做出选择，这是他们自己的决定，所以他们不会放弃，会将自己的选择坚持执行到底。如果这次他们体会到"哎呀，糟了，我要是选那个就好了"，那么下一次他们就会尝试其他的选择思路。

等孩子们再大一点，他们也许就会开始考虑如何通过自我控制来提高学业成绩，通过考试，选择自己理想的工作，以及保持自己的身心健康和愉快生活。

失败的经历

在汤姆 6 岁时，有一天晚饭后他说："从今天开始，我要自己洗自己的碗。"之后，他果然开始主动地洗自己的碗了。我们作为父母，其实只在口头上表扬他就可以了，"你太棒了！""你真厉害啊！""这实在太好了，明天继续加油！"但是，我当时为汤姆的这个主动表现高兴得不得了，不由地提议道："你每洗一次碗，我就给你 10 块钱。"汤姆在这之前从来没有自己储蓄过，也没有使用过钱，因此，这种只有我们大人才能接触到的钱，在他眼里具有相当大的魅力。

于是，汤姆洗碗行为的结果是得到了 10 块钱，这对他来说，具有非常大的激励作用。第二天早上 6 点，他妈妈走进厨房，竟然看到汤姆已经换好衣服站在那里洗昨天洗剩下的碗。汤姆发现妈妈之后，满面笑容地说"早上好！10 块钱哦！"他妈妈惊呆了。我们非常后悔自己犯下的错误。

虽然我们有过类似的失败经历[①]，但总体上，我们一直在根据两个孩子各自的能力水平，引导他们学习必要的行为，通过强化不断地提高他们的能力。我们为孩子们的快乐成长感到欣慰，育儿的 6 年时间在开心中飞逝而过。

孩子们以后会一步步走进小学、中学和大学，他们未来的生活会越来越丰富。工作学习是快乐的，自我管理是充满趣味的，我们希望他们能体验到这些，幸福地生活。

[①] 译注：之所以这个干预"失败了"，是因为这里有几处可能背离了 ABA 干预的基本策略。首先，家长凭一时高兴就随意地提供了过度的额外奖励，却忽视了孩子的主动洗碗行为本身自带的自然强化效力；其次，家长在向孩子宣布规则时，描述得不够具体，"每洗一次碗"的说法可能带来了误导，使得孩子的洗碗行为不分时间和场合。另外，这种临时添加的额外奖励过于强大，背离了"应与任务难度相匹配"的原则，会导致更为重要的自然强化效力削弱甚至丧失，这样的做法也许会一时很有效，但干预计划难以持续，任务目标也偏离了。

第三部分

ABA 支持工具

一、ABC 分析表

姓名：_____ 记录人：_____

行为 1：_____

观察时间：_____ □"死人测验"确认 □明确描述的检查

| A：行为即将发生前的状态（前提） | → | B：行为 | → | C：行为出现后紧接的情况（后果） |

背景因素

行为 2：_____

观察时间：_____ □"死人测验"确认 □明确描述的检查

| A：行为即将发生前的状态（前提） | → | B：行为 | → | C：行为出现后紧接的情况（后果） |

背景因素

行为 3：_____

观察时间：_____ □"死人测验"确认 □明确描述的检查

| A：行为即将发生前的状态（前提） | → | B：行为 | → | C：行为出现后紧接的情况（后果） |

背景因素

二、刺激偏好评估表（SPA）："喜欢什么"测试

记录日期：＿＿＿＿＿＿＿＿

＿＿＿＿＿＿＿＿喜欢的物品清单　　　　　　记录人：＿＿＿＿＿＿＿＿

步骤 1：参考以下关键词，对孩子喜欢的物品及活动进行观察和记录。

喜欢的食物、饮料：【　　　　　　　　　　　　　　　　　　　　】

喜欢的触感、颜色或光线、气味、口味、声音：【　　　　　　　　】

喜欢的语言，喜欢的人，喜欢的肢体接触形式：【　　　　　　　　】

感兴趣的贴纸、硬币和积分等形式：【　　　　　　　　　　　　　】

喜欢的游戏、活动、娱乐设施：【　　　　　　　　　　　　　　　】

喜欢的特权：【　　　　　　　　　　　　　　　　　　　　　　　】

喜欢的玩具及卡片：【　　　　　　　　　　　　　　　　　　　　】

步骤 2：形成记录之后，再按 5 级程度，整理成下面的表格。

非习得性强化物

程度顺序		1 最喜欢	2 非常喜欢	3 很喜欢	4 一般喜欢	5 还算喜欢
饮食物	食物					
	饮料					
感觉	触觉					
	视觉					
	嗅觉					
	味觉					
	听觉					

习得性强化物

程度顺序	1 最喜欢	2 非常喜欢	3 很喜欢	4 一般喜欢	5 还算喜欢
社会性					
随时可用的东西					
活动					
特权					
实物					

三、摘除"标签"的支持工具表

记录日期：＿＿＿＿＿＿＿

姓名：＿＿＿＿＿＿＿ 记录人：＿＿＿＿＿＿＿

请你写出＿＿＿＿的情况：

真的就只有这些吗？

　　他喜欢的事和擅长的事：【　　　　　　　　　　　　　　　　　　　　　】

　　他能独立做的事：【　　　　　　　　　　　　　　　　　　　　　　　　】

　　他在别人帮助下能做的事：【　　　　　　　　　　　　　　　　　　　　】

　　他愿意做的有挑战的事：【　　　　　　　　　　　　　　　　　　　　　】

　　他做得比以前进步了的事：【　　　　　　　　　　　　　　　　　　　　】

　　他的问题行为在一天中占比多少：【　　　　　　　　　　　　　　　　　】

　　他的好行为在一天中占比多少：【　　　　　　　　　　　　　　　　　　】

再一次，请你写出＿＿＿＿的情况：

四、问题行为清单

记录日期:＿＿＿＿＿＿＿＿

姓名:＿＿＿＿＿＿＿＿　　　　　　　　记录人:＿＿＿＿＿＿＿＿

优先顺序	过度行为 （应对的优先顺序） 危险性/破坏性/扰乱性 /令人不快/不符合年龄	受到影响的人	会受到怎样的影响? 改变行为会带来什么好处?
		本人	
		周围的人（　　）	
		本人	
		周围的人（　　）	
		本人	
		周围的人（　　）	
		本人	
		周围的人（　　）	
		本人	
		周围的人（　　）	

优先顺序	缺乏行为	受到影响的人	会受到怎样的影响? 改变行为会带来什么好处?
		本人	
		周围的人（　　）	
		本人	
		周围的人（　　）	
		本人	
		周围的人（　　）	
		本人	
		周围的人（　　）	
		本人	
		周围的人（　　）	

五、"将问题行为转换为目标行为"工具表

记录日期：_____

姓名：_____　　　　　　　　　　　　记录人：_____

步骤1：具体描述准备干预的问题行为。

提示：谁，什么时候，在哪里，和谁一起，怎么做的，强度如何，时间长度如何。

```
┌──────────────────────────────────────────────┐
│                                              │
│                                              │
└──────────────────────────────────────────────┘
```

步骤2：对该行为进行ABC分析。

| A：行为即将发生前的状态（前提） | → | B：行为 | → | C：行为出现后紧接的情况（后果） |

背景因素

步骤3：思考该行为具有怎样的功能（目的）。

① 逃避（因厌恶刺激消失而带来的强化）：是否能够逃离厌恶的事情？
② 关注（因强化物出现而带来的强化）：是否获得了某人的关注？
③ 获得物品（因强化物出现而带来的强化）：是否获得了喜欢的东西或机会？
④ 感觉刺激（因强化物出现而带来的强化）：是否获得了自动强化的感觉刺激？

步骤4：思考如何改变该行为。

提示：试着这样写，"不做××，而去做××"。如果你想出了多种方法，请全部写出来。

```
┌──────────────────────────────────────────────┐
│                                              │
│                                              │
└──────────────────────────────────────────────┘
```

六、任务分解表

姓名：_____

步骤1：我们希望教学的技能。

步骤2：将该技能分解。

●重点

　　①原则上每行只写1个步骤。

　　②当不知道该如何分解时，你可以自己慢速做一下，以确认操作步骤。

　　③确认孩子能够完成到什么程度时，你可以让孩子将连续的步骤连起来做。

	教学步骤	完成检查 （√ ×）
1		
2		
3		
4		
5		
6		
7		
8		
9		
10		
11		
12		
14		
15		

七、行为数据记录表

"出现次数"的记录

针对出现次数有问题的行为。

1. 目标行为_____

2. 行为数据记录人_____

3. 行为数据记录的场所与时间_____

日期和时间	次数	日期和时间	次数

"强度"的记录

针对行为的强度/大小有问题的行为。

1. 目标行为_____

2. 行为数据记录人_____

3. 行为数据记录的场所与时间_____

日期和时间	强度
	1 很弱　2　3　4　5 中等程度 6　7　8　9　10 很强
	1 很弱　2　3　4　5 中等程度 6　7　8　9　10 很强
	1 很弱　2　3　4　5 中等程度 6　7　8　9　10 很强
	1 很弱　2　3　4　5 中等程度 6　7　8　9　10 很强
	1 很弱　2　3　4　5 中等程度 6　7　8　9　10 很强

"持续时间"的记录

针对持续时间有问题的行为。

1. 目标行为_____

2. 行为数据记录人_____

3. 行为数据记录的场所与时间_____

日期和时间	行为开始的时间	行为停止的时间	持续时间

"潜伏时间"的记录

针对从行为的前提出现到行为发生之间的时间有问题的行为。

1. 目标行为_____

2. 行为数据记录人_____

3. 行为数据记录的场所与时间_____

日期和时间	前提出现的时间	行为开始的时间	潜伏时间

八、行为干预计划（BIP）表

姓名：_____	制作人：_____	制作日期：_____

需要了解本计划的人：

"喜欢的事/擅长的事"

"需要提供支持的场景"

问题行为	过度行为 A: B: C:	过度行为 A: B: C:	缺乏行为 A: B: C:	缺乏行为 A: B: C:
目标行为				
环境调整辅助				
强化方法				
记录方法				
备注				

九、登山棋样式的代币表

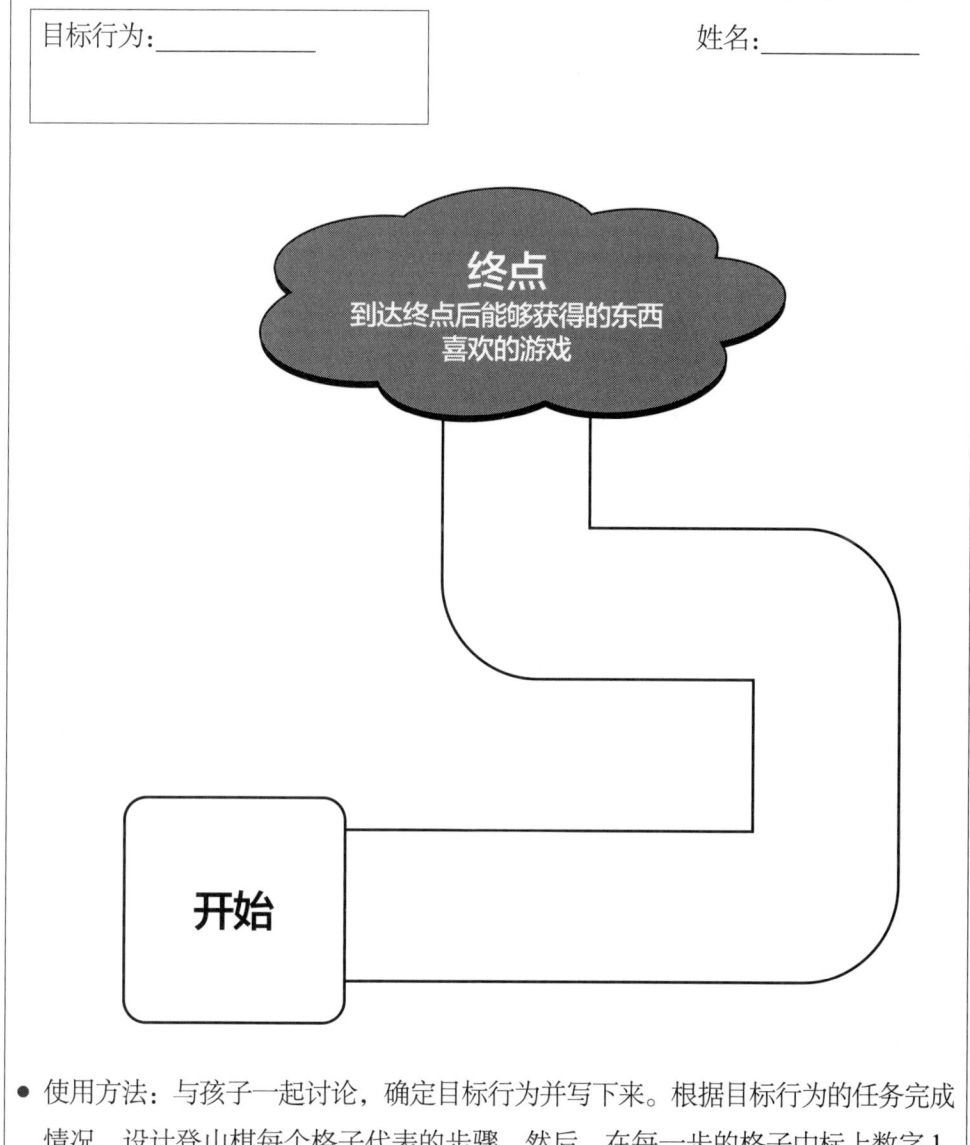

目标行为：_____   姓名：_____

终点
到达终点后能够获得的东西
喜欢的游戏

开始

- 使用方法：与孩子一起讨论，确定目标行为并写下来。根据目标行为的任务完成情况，设计登山棋每个格子代表的步骤，然后，在每一步的格子中标上数字1、2、3……这样，登山棋样式的代币表就做好了。可以在"终点"处贴上后备强化物的图片或照片。

十、代币表

真棒！代币表　　　　　　　　　　　　　　　姓名：_____

约定
1. _____
2. _____
3. _____
4. _____
5. _____

遵守约定了的话，就可以贴上一张贴纸。

1	2	3	4	5	6	7	8	9	10
11	12	13	14	15	16	17	18	19	20
21	22	23	24	25	26	27	28	29	30
31	32	33	34	35	36	37	38	39	40
41	42	43	44	45	46	47	48	49	50

当贴纸集够一定数量时，就能获得奖励。

集满 10 个（　　　　　　　　　　　　　　　　　　　　　　　　）

集满 20 个（　　　　　　　　　　　　　　　　　　　　　　　　）

集满 30 个（　　　　　　　　　　　　　　　　　　　　　　　　）

集满 40 个（　　　　　　　　　　　　　　　　　　　　　　　　）

集满 50 个（　　　　　　　　　　　　　　　　　　　　　　　　）

十一、代币表和后备强化物交换券

集贴纸
获得玩游戏 60 分钟的
兑换券!

| 1 | 2 | 3 | 4 | 5 |

✂

兑换券

集满 5 张贴纸

_____月_____日（星期___）

可以玩游戏 60 分钟!

可以玩的游戏是_____
星期六 / 星期日

兑换日期：___月___日
兑换人：_____

十二、行为训练师使用的视觉时间表

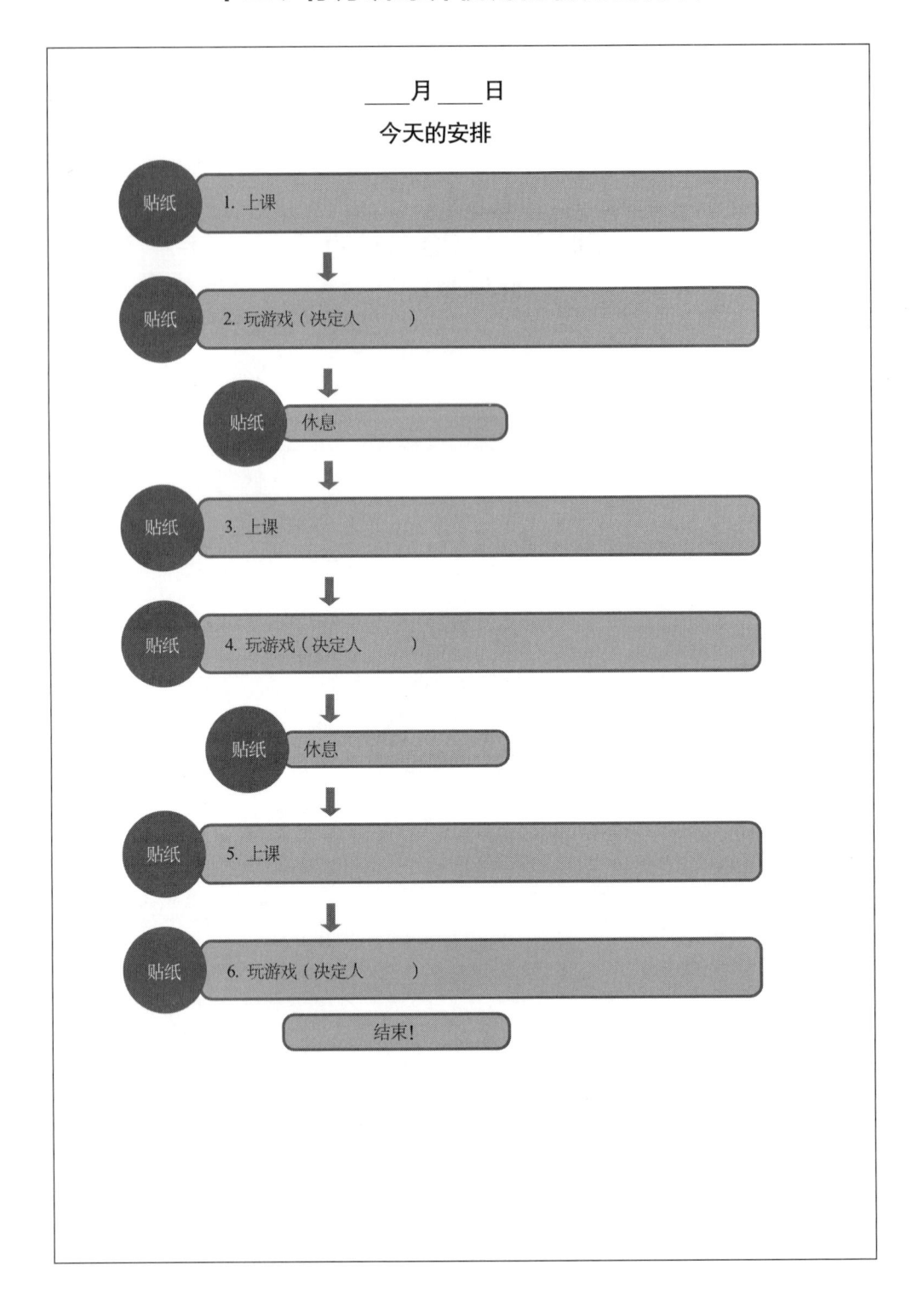

___月 ___日
今天的安排

- 贴纸 | 1. 上课
- 贴纸 | 2. 玩游戏（决定人　　　）
- 贴纸 | 休息
- 贴纸 | 3. 上课
- 贴纸 | 4. 玩游戏（决定人　　　）
- 贴纸 | 休息
- 贴纸 | 5. 上课
- 贴纸 | 6. 玩游戏（决定人　　　）

结束！

十三、训练任务举例

和老师一起做		
学习任务 完成后可以得到 一颗糖和一张贴纸！	用画画的形式来写日记	
	模拟商店的游戏	
	汉字书写	
	加减法算术	
	表达心情	
	画钟表	
游戏	乌诺牌①	
	手指游戏	
	棒球游戏	
	垫上摔跤	
	轮流画画	
	抢椅子游戏	

完成 1 个学习任务，就可以看老师家宠物的照片。
完成 2 个学习任务，就可以和老师、妈妈一起玩喜欢的模拟游戏。
完成 3 个学习任务，就可以让老师画你喜欢的画。
完成 4 个学习任务，就可以获得 1 张看电视的积分券。

还有更厉害的！
如果你努力完成了所有的游戏和学习任务，就可以得到看电视奖励券（可以看 1 集节目）。

---

① 译注：UNO，一种桌游。

ABA 知识自测

我们需要定期检查，看看自己掌握了多少 ABA（应用行为分析）的知识。请回答下列问题，如果不知道答案或者回答错误，可以返回相应的章节去复习。

1. 在理解行为和描述行为时，ABA 最重视什么？

    A：这个人做出这个行为时的考虑或想法。

    B：这个行为发生的背景，以及这个人的身心障碍特征及其性格倾向。

    C：之前在相同的情况下，这个行为发生后这个人得到的结果。

    D：父母或周围人对这个人从小开始的养育态度，或者这个人之前的受教育程度。

    ☞第 2 页

2. 下面几项是对行为的描述，请在描述得不够充分的地方划线，并思考应该如何改写。

    A：考试时，小健多次拉扯同桌女生的头发。

    B：小百合只要看不见妈妈，就会情绪变坏并哭泣。

    C：小秋每天早上在幼儿园门口看到妈妈转身离去就不肯动弹了。

    D：小健和爸爸一起去饭店吃饭时，坐得很规矩。

    E：小周在公园的沙坑里玩儿的时候，不肯把铲子借给弟弟。

    ☞第 4、25 页

3. 小百合在公交车里只要一开始哭，爸爸马上就给她一颗糖，然后她就不再哭了。

    爸爸给糖的行为是（ ① ）。

    小百合在公交车里哭的行为是（ ② ）。

    A：被因强化物出现而带来的强化（正强化）所维持。

    B：被因厌恶刺激消失而带来的强化（负强化）所维持。

    C：受到了因强化物消失而带来的惩罚（负惩罚）。

    D：受到了因厌恶刺激出现而带来的惩罚（正惩罚）。

    E：被消退了。

    ☞第 9～12 页、第 29 页

4. 爸爸去听某老师的讲座。讲座前60分钟的内容中包含了实例，会场上充满笑声，大家听得都很入迷，但后面60分钟的内容没有了前半场的魅力，于是爸爸开始用电脑干私活儿，周围的其他人也开始玩手机、打哈欠或打瞌睡。结果，老师比预定时间提前了10分钟就结束了讲座。

爸爸在后半场的行为是（ ① ）。

后半场老师结束讲座的行为是（ ② ）。

A：被因强化物出现而带来的强化（正强化）所维持。

B：被因厌恶刺激消失而带来的强化（负强化）所维持。

C：受到了因强化物消失而带来的惩罚（负惩罚）。

D：受到了因厌恶刺激出现而带来的惩罚（正惩罚）。

E：被消退了。

☞第9～12页、第29页

5. 小正在考试时答不出题来，于是就开始嘎吱嘎吱地摇晃椅子，老师上前提醒了小正，小正就拿起铅笔开始继续做题，但过了一会儿小正又开始摇椅子了。老师生气了，对小正说："别摇了。"可过了一会儿小正又开始摇了，这一次老师用全教室都能听得到的声音呵斥了小正："别捣乱！"

小正多次摇椅子的行为是（ ① ）。

老师提醒或呵斥小正的行为是（ ② ）。

A：被因强化物出现而带来的强化（正强化）所维持。

B：被因厌恶刺激消失而带来的强化（负强化）所维持。

C：受到了因强化物消失而带来的惩罚（负惩罚）。

D：受到了因厌恶刺激出现而带来的惩罚（正惩罚）。

E：被消退了。

☞第9～12页、第29页

6. 下面的每一条中的画线部分，如果是强化物，就请标注"＋"，如果是厌恶刺激，就请标注"－"。

　　A：老师时不时地表扬挺直身体坐好的孩子，①"你坐得真好！""你做得太棒了！"（　　）。但是，坐姿良好的孩子却逐渐减少了。

　　B：小淳每次洗手之后，就可以从妈妈那里②得到贴纸（　　）。如果贴纸攒满5个，他就可以③用贴纸换1张自己喜欢的动漫人物的卡片（　　）。小淳逐渐地能够自己独立洗手了。

　　C：小绘理每次打翻食物时，妈妈就④啪地拍一下小绘理的手，骂道"不能这样！"（　　）但小绘理的这种打翻食物的行为越来越严重了。

　　D：小萨的发音很少，他每次发出"啊""叭"的时候，妈妈就⑤挠他痒痒（　　），并⑥表扬他，"你能发出音了呀"（　　），小萨的发音越来越多了。

☞第10页

7. 爸爸在家休息看电视时，孩子们就会黏着爸爸，"咱们一起玩吧！"爸爸很生气地说："太烦人了！"于是孩子们就会安静地自己去玩一会儿。从那天开始，只要爸爸休息在家，同样的事情就反复发生。

　　爸爸生气的行为，使孩子们吵闹的行为暂时得到了①（A 强化，B 惩罚），因而孩子们变得②（A 安静，B 吵闹）。这个事件导致父亲对孩子发怒的行为被③（A 强化，B 惩罚），所以父亲发怒的行为变得越来越④（A 少，B 多）。如果父亲在孩子吵闹时发怒的行为持续下去的话，那么父亲的发怒行为将逐渐⑤（A 加强，B 减弱），而孩子们会变得越来越⑥（A 安静，B 吵闹）。

☞第9、29页

8. 妈妈在跟人打电话时，小拓就会爬到妈妈的膝盖上去抓电话，或者摁电话上的按钮，或者拉扯妈妈的头发。每次妈妈都只能挂断电话，并呵斥小拓，"我都跟你说了住手呀！"但这没什么用。从某天开始，不管小拓再怎么捣乱，妈妈都坚决不再挂断电话，接下来的几天小拓的行为①（A 更严重了，B 改善了）。老实说，妈妈很害怕，但过了一段时间，小拓的捣乱行为越来越②（A 增加，B 减少）了。

☞第17～19页

9. 每晚睡觉时，只要妈妈准备离开小爱的房间，小爱就会哭，于是妈妈就又回到小爱的床前，抱着她给她读绘本。某天，小爱困得睡着了，妈妈正准备偷偷溜出房间，结果小爱马上就醒了，又开始哭。小爱妈妈今后该怎么处理这个问题呢？

　　A：温和地询问小爱的想法，"你为什么每晚都哭呢？究竟是怎么啦？"

　　B：跟小爱说好"我最后再抱你1次"，并抱着小爱给她读绘本。

　　C：检查温度或其他睡眠条件是否有问题，如果没有问题，就算小爱哭也依然离开房间。

　　D：大声严厉地说"睡觉！"并制止小爱哭泣，在她停止哭泣时离开房间。

☞ 第17～19页

10. 小优可以自己收拾玩具，将玩具放到架子上和盒子里。为了维持小优的这个收拾物品的行为，小优的父母以后该怎样做？

　　A：既然小优可以独立完成，那么看着就好，不用表扬她。

　　B：与小优约定好设立每周1次的"奖励日"，奖励小爱"本周很能干！"

　　C：每次都表扬小优，"小优太厉害啦！"并给予拥抱。

　　D：时不时表扬小优一次，但不让小优猜到什么时候会得到表扬。

☞ 第14～16页

11. 只要妈妈开始做晚饭，小千就会跑进厨房，要把妈妈拉去客厅一起玩。但今天很难得，妈妈开始做晚饭了，小千却一个人坐在客厅里玩布娃娃。妈妈希望小千以后也这样，于是，妈妈应该怎么做呢？

　　A：既然小千在独自安静地玩，妈妈就别引起她的注意，可以在厨房里一边观察，一边做饭。

　　B：妈妈做完晚饭后，对小千说"你好乖啊"，并给予小千最喜欢的拥抱。

　　C：妈妈中断做晚饭，对小千说"你好乖啊"，并给予小千最喜欢的拥抱，然后再回到厨房去做饭。

　　D：爸爸回家一起吃晚饭时，爸爸妈妈一起对小千说"你好乖啊"，并给予小千最喜欢的拥抱。

☞ 第14～16页

12. 小令的口语很少，只要小令的要求得不到满足，他就会哇哇地哭或者扔东西。爸爸每次都生气地大声呵斥："你想说什么就说！别扔东西！"接下来小令会停止哭泣 3 分钟左右，并在房间一角翻绘本或玩玩具火车，但 3 分钟之后，他就又开始大哭。

爸爸的斥责对哭泣暂时起了（ ① ）作用，但爸爸对小令生气并没有使小令的哭泣（ ② ），而是让哭泣（ ③ ）了。小令持续哭泣的时候，爸爸的斥责其实是（ ④ ）。爸爸应该不对小令的哭泣（ ⑤ ），而最好应该（ ⑥ ）。这叫作（ ⑦ ）。

A：不回应　　B：增加　　C：出示强化物

D：减少　　E：强化　　F：惩罚　　G：消退

☞ 第 9 ～ 12 页

13. 选择与（ ）对应的用语。同样的用语可以重复使用。

4 岁的小风可以坐在马桶上小便了，接下来妈妈准备教小风自己去厕所排便。于是，爸爸打开厕所的门，换上拖鞋，打开马桶盖，脱下外裤和内裤，坐在马桶上，这整个过程小风在旁看了一遍。这是使用（ ① ）的教学方法。

小风开开关关地玩马桶盖，于是，爸爸手把手地与小风一起打开盖子，这是使用（ ② ）的教学方法。

小风能够坐下小便之后，爸爸开始考虑教小风，"站在踏脚凳上，走下来，提上内裤，把上衣放下来，提上外裤，摁下厕所的冲水按钮，合上马桶盖，脱下拖鞋放好，走出厕所，关上厕所门"，这叫作（ ③ ）。爸爸按照"先站在踏脚凳上，再走下来"这样的顺序教小风掌握技能的方法叫作（ ④ ）。爸爸按照从"关上厕所门"开始这样的顺序教小风掌握技能的方法叫作（ ⑤ ）。爸爸教小风在厕所排便的技能时，先对小风说，"来，上厕所，试试吧"，在必要的时候才出手帮忙，一直做到最后，这种教学方式叫作（ ⑥ ）。

A：任务分解

B：逆向串链

C：塑造

D：全任务呈现法

E：示范

F：辅助

G：顺向串链

☞ 第 34 ～ 38 页

14. 请对下面句子中关于"消退"的描述画√，除此之外的描述画 ×。

① 喜欢开车的爸爸曾经多次超速被罚，因此他最近开车时会控制自己的速度了。

② 他与兴趣相投的朋友每天都互写邮件，但从 1 周前开始，他再没收到过回信，所以他就再没给对方发过邮件了。

③ 她在自动售货机上投入硬币，摁了按钮，但饮料不出来，于是她把每个按钮都摁了一遍，可还是什么也没出来。后来她就再也不在这个自动售货机上买东西了。

④ 她给男朋友做了饭，本想让他高兴一下，可是问他"味道怎么样？"时，他却面露奇怪的表情说："怎么说呢……"她后来就不再给他做饭了。

☞第 11、42 页

15. 为了改变以下孩子的问题行为，有 A ~ D 四种方法，请按照执行时的优先顺序排列。

小吉上音乐课时会把教室里的花瓶和书扔到地上。

小勤看见同龄孩子时会靠近对方并从后面推对方。

小亚在被要求吃饭快点吃时就会哇哇哭。

莉香在语文测验时会从教室里出去。

A：该行为发生时，马上减少孩子已经获得的分数。

B：让孩子体会该行为发生后也不会得到任何好处。

C：让孩子学习可以替代问题行为的行为，或者与问题行为无法兼容的行为。

D：该行为发生时，马上执行对孩子来说是厌恶刺激的方案。

优先顺序

1→	2→	3→	4→

☞第 24 页

16. 教孩子新行为时，我们首先试试①（A 等待孩子的自发行为，B 分解成小步骤）。如果行为还是不发生，我们就进行②（A 功能分析，B 任务分解），试试③（A 等待孩子的自发行为，B 分解成小步骤）。如果还是有困难，我们就给予④（A 最小限度的，B 最大限度的）帮助来引导行为。这个帮助叫作⑤（A 前提，B

辅助）。孩子可以完成目标行为之后，我们逐渐地将帮助⑥（A 增加，B 减少），同时，⑦（A 增加，B 减少）口头表扬。孩子能独立完成之后，接下来 ⑧（A 增加，B 减少）口头表扬。

☞第 34 ~ 44 页

答案

1. C

2. A：多次拉扯**改写为**拉了 3 次。

   B：情绪变坏并哭泣**改写为**把玩具扔到墙上，哇哇地哭。

   C：就会不肯动弹**改写为**拉着妈妈的手不放，坐在地上。

   D：坐得很规矩**改写为**能安坐在椅子上 30 分钟，拿着勺子吃饭，用吸管喝饮料。

   E：不肯把铲子借给弟弟**改写为**说"我不给"，拿起铲子，背朝弟弟。

3. ① B　② A

4. ① E　② D

5. ① A　② B

6. ① −　② +　③ +　④ +　⑤ +　⑥ +

7. ① B　② A　③ A　④ B　⑤ A　⑥ B

8. ① A　② B

9. C

10. D

11. C

12. ① D　② D　③ B　④ C　⑤ C　⑥ A　⑦ G

13. ① E　② F　③ A　④ G　⑤ B　⑥ D

14. ① ×

因超速这个行为而导致积分（强化物）减少，所以超速这个行为被惩罚了，也就是因强化物消失而带来的惩罚。

② √

③ √

④ ×

做饭这个行为，带来了男朋友"奇怪的表情"这个后果，所以做饭的行为减少了也就是因厌恶刺激出现而带来的惩罚。

15. C→B→A→D

16. ① A ② B ③ B ④ A ⑤ B ⑥ B ⑦ A ⑧ B

后记 1

"裕章老师的建议总是那么新颖，比我去看 100 次心理医生都轻松"，当我听到有孩子妈妈这样说的时候，其实感觉最轻松的那个人是我自己。ABA 不仅能把孩子带向更光明的未来，而且随着孩子的成长，整个家庭都会发生更积极的变化。我在与孩子及其家长的接触过程中，时刻思考着如何去实现这样的目标。

我在 ABA 实践过程中，最重视的是如何让"教育者（家长、教师、训练师等）成为孩子的强化物"，这比训练任务本身更重要。教育者也是人，可以说是基础中的基础，可在实际中很多家庭往往会依赖有形强化物（零食或玩具）。我看到这种情况时就会想，很多人对 ABA 还是停留在"过时的行为疗法"的印象上，所以才会对 ABA 干预有抗拒心理。作为 21 世纪开展 ABA 实践的临床专家，我的工作任务之一，就是去努力改变人们对 ABA 的错误认识，进而运用 ABA 技术，将"做不到"的事变成"能做到"的事。本书讲述的 6 个家庭的实战案例就给出了很好的证明。如果能有更多的家庭在各自不同的生活场景中不断积累这样的实践体会，那么本书的目的就算达到了。

如果这 6 个家庭没有一口答应我撰写他们自己的 ABA 实战经验，那么本书就无法完成。我由衷地感谢他们的配合。从出生起，我就一直得到包括我父母在内的许多人的支持，因此才得以成为今天的自己，包括完成这本书的写作。这一切让我对所有我认识的孩子及其家长，以及我的朋友、恩师充满了感激。

为本书画插图的系谷先生，总是能够通过可爱的图画将孩子和家庭场景表现得栩栩如生。学苑社的杉本哲也先生，是我回国之后参加学术会议时认识的，我当时跟他说"我会写一本书，到时候请您多关照"，这之后他就一直很耐心地等待，直到今天，这个约定才得以实现。杉本哲也先生在这本书的写作过程中给予了我全面且细致的指导，我从心底里表示感谢。

最后，我将本书献给我的母亲。她不仅将我带到了这个世界上，而且在知道我患有先天障碍之后，对我不离不弃，为我不断地寻找专业医生，在身边支持我与疾病做斗争。她从我出生到现在，一直都守护着我。

上村裕章

后记 2

我从读研究生开始，就一直从事着精神障碍、情绪障碍及发育障碍方面的研究。障碍人士的问题行为、思维模式、生活习惯是我的专业研究领域，我在精神科和心理科运用行为疗法为他们提供帮助。作为临床心理师，我过去一直是在心理治疗室里通过与障碍人士的"对话"来帮助他们改变行为并提高生活质量，我曾经以为这就是我工作的全部内容了。

2008年一个偶然的机会，我遇到了上村先生，随后，又接触到了大量的障碍孩子和他们的家庭。从那时候起，每天大汗淋漓地与他们"互动"也开始成为我的工作内容。我抱着孩子，蹦呀、跳啊，我身体的每个部分都需要动起来，我还需要控制自己说话的音量，一会儿要开心地唱歌，一会儿要默默地引导孩子，一会儿要高声地夸赞孩子以强化他。我经常需要冷静地观察孩子的哭闹行为或者乱扔东西的行为，认真地做好记录，仔细地分析行为功能，然后再与家长一起讨论，确定改变孩子行为的办法。我的工作需要我开动起全身全脑。

应用行为分析（ABA）的一个重要观点就是：人的行为会随着体验经历而变化；没有体验经历就不会变化。我自己的行为就是在我与这些孩子及其家庭的接触体验中逐步改变的。没错，我也是生活在行为依联中，在体验经历中，我的行为在变化，于是，我写成了这本书。

在向含辛茹苦地养育障碍儿童的家庭提供服务的过程中，我感触最深的是，有些家庭将家长辛苦的原因或者障碍儿童不易变化的原因都归结到障碍本身，或者归结于"孩子的性格""孩子缺乏上进心""家长自己的性格因素和养育方式"，也有些家庭会消极地认为"我一开始就不打算干预""反正我不行"。面对家长的种种叹息，面对孩子的止步不前，我该如何帮助他们呢？支持我坚持下来的，正是ABA的理论和方法。

当我遇到那种家长认为"没有上进心"的孩子时，我会在认真教学并帮助孩子掌握了一个学习任务之后，问家长，"你说孩子没有上进心，你现在再看，他怎么样？"有的家长会认真思考后回答我，"是孩子的上进心不足呢？还是我只因孩子不会就给他贴上了一个标签呢？"这时候，我看着脸上逐渐露出微笑的家长，会在心里为他们赞叹，并送给他们热烈的掌声。

家长这种认为"孩子没有上进心"的行为（语言行为）也会改变，会随着孩子的变化而变化。每次我看到这种改变都会非常高兴，就会更加乐意为这个家庭提供支持。亲眼看到并亲身经历这样的变化，让我更真实地体验到 ABA 干预工作带来的喜悦，增加了我更浓厚的工作兴趣。

我参与本书撰写，为的是向更多的家庭及支持者传递 ABA 知识。我希望我能够通俗易懂地为他们讲解 ABA 的原理和实践方法（ABA 的一些术语比较难，这是一个问题），并希望他们能真切地感受到 ABA 的效用。

在本书撰写过程中，那些开展 ABA 家庭干预的家长都写出了自己的育儿实战经历，但限于本书版面，无法容纳他们奉献的全部经验。我非常感激他们的付出。日本的发育障碍儿童的干预和教育系统还处于"发展中国家"的阶段，在这样的大背景下，那些发挥出自己最大潜力努力开展干预的家庭，一定能够为本书的读者带来力量，为孩子的未来带来成长的动力。

吉野智富美